사랑의 철학

차례
Contents

사랑한다는 것은?

살아가면서 누구나 어려움과 고통을 겪게 되는데, 이것을 극복할 수 있는 감정적 기제로 가장 흔하게 떠올리는 것이 '사랑'[1]이다. 그래서 나는 사람들에게 간혹 사랑에 관한 질문을 던져보곤 한다. "세상에 태어나서 한 번도 사랑을 해보지 않은 사람이 있을까? 만약 그렇다면 그를 인간이라고 할 수 있을까?"

이런 질문을 받은 사람들 중에는 처음에는 한순간 당혹스러워하다가 돌연히 태도를 바꾸어 불만을 터뜨리는 이들이 있다. "나는 사랑을 한 번도 해보지 않았는데!" "애인 좀 없다고 짐승 취급하기냐?" "사랑을 해보지 않았다고 해서 그 사람에게 무언가가 결핍되었다고 생각하는 것은 편견이야!"

이런 대답을 들으면 내 마음속에 반문이 생겨난다. '도대체 이들은 사랑을 어떻게 생각하기에 이런 식으로 반응하지? 살면서 조금이라도 사랑을 해보지 않았다는 것이 도대체 가능한 일이야?'

사람들이 당혹스러워하거나 심지어 불쾌해하는 것은 사랑의 양태 중에서 오직 하나, '남녀 간의 사랑'만을 머릿속에 떠올리기 때문이다. 남녀 간의 사랑은 그만큼 중요하며 알게 모르게 삶의 전 영역에 지대한 영향을 미치므로, 흔히들 '사랑'하면 이성애를 생각하게 된다. 그러나 우리는 부모도 사랑하고, 형제도 사랑하고, 자식, 선생님, 친구, 직장 상사, 절대자 등도 사랑한다. 때로는 강아지를 사랑하는 사람도 있고, 장미꽃을 사랑하는 사람도 있으며, 금강산의 절경을 사랑하는 사람도 있다. 사랑의 대상은 이렇듯 무궁무진하다.

사랑의 대상이 다양하다면, 그로 인해 생겨나는 사랑의 양태도 다양할 수밖에 없다. 이 중에서 배우자나 애인처럼 남녀 간에 이루어지는 사랑은 무엇보다도 '서로에 대한 육체적 결합 욕구'를 동반한다. 그래서 남녀 간의 이성애적 사랑은 '성적 사랑'이다. 소위 '육체적 사랑'이나 '감각적 사랑'과 동일시되는 성적 사랑은 '에로스(Eros)'라 일컬어진다.

우리는 일상생활에서 "이 영화는 에로틱하다" "그 소설은 에로티시즘의 정수야" "에로틱한 자세를 취해봐"라는 말을 가볍게 사용하곤 하는데, 그 말들은 '성적 사랑' '감각적 사랑'으로 이해되는 '에로스'의 변화형이다. 그러므로 성적 사랑은 에로틱한 사랑(erotic love)이다.

　물론 에로스의 철학적 토대를 마련한 고대 철학자 '플라톤'
이 서술하는 에로스의 '의미'와 에로스에 대해서 내리는 '가치
평가'에 따르면, 에로스는 보다 더 심층적인 측면을 지닌다.
그러므로 '성적 사랑'에만 초점을 맞추는 것은 에로스의 의미
를 축소시키는, 편협하고 조잡한 이해이다.[2]

　플라톤의 『향연』에서 에로스는 기본적으로 '사랑의 신'을
의미하며, 이와 동시에 '가장 오래된 신'이면서 우리에게 '가
장 좋은 것의 근원이 되는 신'[3]으로 정의된다. '에로스 신'이
어떤 의미를 지니고 있으며, 어떻게 해서 탄생되었는지에 대
한 설명은 고대 문헌마다 각기 다르게 나타나기 때문에, '가장
오래된 신'이라는 정의부터 다시 고찰해야 할 필요가 있으며,
따라서 플라톤의 설명을 연대기적으로 절대화할 수는 없다.
그러나 철학자의 관점에서 에로스에 대한 근간을 마련하고,
철학사에서 영향력을 발휘하는 것은, 다른 문헌이 아니라 플
라톤의 문헌이기 때문에 플라톤에게서 '사랑'의 개념과 관련
된 통찰력을 얻어낼 수 있다.

　플라톤은 에로스를 아프로디테의 생일과 연관지어 설명한
다. 신들의 제왕인 제우스가 어느 날 지혜와 미의 여신인 아프
로디테를 딸로 얻게 된다. 제우스는 너무도 기쁜 나머지, 그녀
의 탄생일에 신들을 모두 초청하여 잔치를 벌인다. 이때 '풍요
의 신' 포로스(Poros)와 '빈곤의 여신' 페니아(Penia)도 초대를
받는다. 페니아 여신은―비록 잔치에 초대를 받아 풍부한 술

과 음식을 즐기면서 흥겹게 놀기는 하지만 ─ 언제나 배고픔과 궁핍에 시달려왔다. 그래서 그녀는 잔치를 즐기면서도, 동시에 '어떻게 하면 이 계속되는 궁핍을 타개할 수 있을까?'에 대해 고심한다. 그러다가 게걸스럽게 술과 음식을 먹고서 정신 없이 잠들어 있는 포로스를 발견하고서 그 옆에 살며시 눕는다. 이로 인해 잉태된 것이 '에로스'이다.

에로스는 남신 포로스와 여신 페니아의 자식이기 때문에, 두 신에게서 드러나는 특징을 모두 지닌다. 때로는 아버지 포로스처럼 모든 것이 풍요롭고 먹을 것이 흘러넘치며, 성격 또한 활달하고 저돌적이며 게걸스럽고 열정적이다. 그러나 때로는 어머니 페니아처럼 풍요가 밑 빠진 독의 물과 같이 순식간에 사라져버려서 배고프고 빈곤하며, 그래서 초라하고 우울한 성격이 나타난다. 에로스의 삶 속에서는 이처럼 극단적 풍요와 극단적 빈곤이 끊임없이 반복되며, 이 둘의 극단적 간극 때문에 생겨나는 변화무쌍함, 허탈함, 공허감이 지속적으로 펼쳐진다.

에로스는 극단적 간극을 야기하는 풍요와 빈곤을 알고 있으므로 (양자를 비교하면서) 사라져버린 풍요를 갈망하고, 빈곤한 현실을 안타까워한다. 그 속에서 에로스는 결핍이 무엇인지를 알게 되고, 또한 그 결핍을 만회하려고 하는 욕구를 작동시킨다. 그래서 에로스는 '부족한 것을 갈망하고, 또 채우려고 하는 신'이다. 에로스 신의 상황을 인간에게 적용해보면, 에로스는 '부족한 것에 대한 갈망'이며 '부족함을 채우려는 욕구'

이다. 에로스는 '사랑의 신'이면서 동시에 '결핍의 화신'이고 '결핍을 채우려는 욕구의 화신'이다.

인간이 살아가면서 결핍을 느끼는 대상과 영역은 다양하다. 이를 철학의 영역에도 적용할 수 있는데, 결핍을 벗어나려고 하는 욕구와 태도는 '진리와 지혜의 문제'에서도 동일하게 나타난다. 진리와 지식을 갈구하는 플라톤과 같은 철학자에게서도 결핍에 대한 자각과 공허감이 유사하게 적용된다. 흔히들 철학의 의미를 '지식에 대한 사랑'이라거나 '지혜에 대한 사랑'으로 정의한다. 그렇다면 철학자는 '지식을 사랑하는 자' 내지 '지혜를 사랑하는 자'라고 말할 수 있으며, 이것은 곧 그가 지식을 '갈구하는 자'임을 의미한다.

'지식을 갈구하는 자'는 아직은 지식을 획득하지 못했기 때문에 '지자(지식을 지닌 자)는 아니다.' 그러나 진리와 지식을 획득하려고 하는 것은 자신이 '무지'하다는 것을 자각하지 않으면 불가능하다. '무지에 대해 자각하는 것'은, '지식이 무엇인지' 그리고 자기가 알고 있는 것 이상의 '엄청난 지식과 지식체계가 있지는 않은지'를 의심하면서 막연하게라도 지식체계를 상정하기 때문에 나타나는 것이다. 이런 면에서 볼 때, 무지에 대해 자각하는 사람은 전적으로 무지하지는 않다.

가령 다섯 살 난 어린아이와 대학생을 비교해보자. 만약 어린아이에게 "너는 무지해!" "너는 지식이 결핍되어 있어!"라고 말한다면, 아이는 아니라고 우기다가 끝내는 울음을 터뜨릴 것이다. 그러나 대학생에게 이런 말을 하면(물론 어린아이처럼 다소 기분 나쁘고 자존심 상한다는 태도를 취하면서 무지를 부인할 수도 있지만) 대부분 자신의 무지를 수긍할 것이다. 그렇다고 해서 대학생이 어린아이보다도 무지한가? 그렇지는 않다. 이것과 유사하게, 철학자는 남들보다도 더 지혜로우며 진리와 지식에 대한 열정도 더 많이 갖고 있지만, 늘 자기의 무지에 대해 자각하고 고민하기 때문에 '지와 무지의 중간자'로 간주된다.

이 중간자는 풍요를 알고 있지만, 현재는 풍요가 사라져버려서 빈곤 상태로 떨어져버린 자이며, 풍요를 상실한 자이다. 철학자는 상실한 풍요를 갈망하면서 풍요에 대한 결핍을 느끼고 풍요를 사랑하고 실현하려고 하는 자이다. 그런 면에서 철학자는 '풍요로운 지식을 갈구하고 사랑하는 자'이며, '지혜를 갈구하고 사랑하는 자'로 일컬어진다. 즉, 지를 향한 에로스가 작동하는 자이다. 지를 사랑하는 철학자를 개념화하면 그는 바로 '지식을 사랑하는 자(애지자)'[4]이다.

에로스는 '사랑의 신'이면서 동시에 '애지자'를 의미한다. 그러므로 에로스는 '결핍된 지식에 대한 사랑'과 '무지에서 지로 고양되고자 하는 열정과 욕구'로 환원된다. 에로스는 결핍을 해소하려고 하는 인간 영혼의 내적이고 자발적인 활동성이다. 이런 점에서 볼 때, 에로스는 '성적 사랑'으로만 환원되지 않으며, 다층적 의미를 지니는 철학적 개념이다.

그러나 성적 사랑이든 지식에 대한 사랑이든 간에 자신의 '결핍을 자각'하고 그 '결핍을 해소하려고 하는 욕구'는 결국 인간 자신의 '유한성'과 변화무쌍함 그리고 허무함을 극복하려고 하는 욕구이다. 유한성을 극복하려는 욕구가 육체적 결핍의 차원에서 나타날 때는 일단은 '성적 결합 욕구'가 되며, 이러한 성적 사랑의 감정이 '종족 보존 욕구'로, 즉 '자신의 아이를 육체적으로 탄생시키고자 하는 욕구'로 승화되면서 유한성 극복과 연결된다.

이에 반해 '지적 결핍'의 차원에서 유한성을 극복하려는 욕구는 성적 결합 욕구처럼 아이를 '육체적으로' 탄생시키는 것이 아니라 '정신적으로' 탄생시키고자 하는 욕구'이다. '정신적으로 아이를 탄생시키는 것'은 '지식을 습득'하고 자신만의 고유한 '새로운 지식체계를 산출하고자 하는 욕구'로 승화된다.

사랑할 수밖에 없는 운명 : 결핍의 불완전성

에로스의 의미가 성적 사랑에만 국한되지 않기 때문에, 그것을 성적 사랑으로만 이해하는 태도를 바꿔야 한다고 해도, 여기에는 아직 해소되지 않은 궁금증이 남아 있다. 즉, "왜 인간은 사랑을 하는가?" "죽을 때까지 아무도 사랑하지 않고 살아가면 되지 않는가?" "그런데 왜 인간들은 그렇지 못하는가?"라는 문제들이며, 더 나아가 "사랑을 의미하는 에로스가 결핍감과, 결핍을 해소하려고 하는 욕구라면, 왜 모든 인간이 결합을 요구하는 결핍을 느끼고, 왜 철학자는 무지에 대해 자각하면서 지식에 대한 열정을 지녀야 하는가?" 등이다.

에로스의 의미가 무엇인지를 알아보는 과정에서 왜 누구나 에로스에 휩싸이는지에 대해 설명했던 플라톤의 신화를 잘 살펴보면 이런 질문들에 대한 해답을 찾을 수 있다. 그러나 앞의 궁금증을 좀더 분명하게 해소하기 위해 플라톤이 제시한 또 다른 신화를 살펴보자. 그러면 성적 사랑으로 특화되는 남녀 간의 운명적 사랑 또한 자연스럽게 해명될 수 있다.

플라톤은 인간의 본성과 내력에 관한 신화5)를 언급하면서, 신들이 처음에 인간을 만들 때는 남녀가 하나의 몸으로 태어 나도록 했다는 점을 강조한다. 본래의 인간은 '한 사람의 온전 한 남성'과 '한 사람의 온전한 여성'이 '한 몸'으로 붙어서 태 어났다. 이는 마치 오늘날 온전한 두 몸이 하나로 붙어서 태어 나는 샴쌍둥이와 같은 모습이다.

신들의 세계나 신화적 설명방식과 달리, 유사 이래 인간은 하나의 몸만 가지고 태어났기 때문에, 어느 사회에서나 그리 고 누구에게나 샴쌍둥이는 기형으로 간주되어왔다. 몸이 붙어 서 태어나는 아이들은 일상생활에서 여러 가지로 불편을 겪는 다. 그들은 분리되어야만 정상인이며, 따라서 샴쌍둥이가 살 아가면서 겪는 불편함을 해소하기 위해 샴쌍둥이를 분리하는 의학적 기술들이 계속해서 개발되어왔다.

그러나 플라톤의 신화에 따르면, 두 개의 몸이 하나로 붙어 서 태어나는 것이 인간의 온전한 모습이며 본래의 모습이다. 그리고 붙어서 태어나는 인간은 그렇지 않은 인간보다도 유리 한 점을 더 많이 지니는 것으로 간주된다. 신화 속의 인간은 한 몸으로 붙어서 태어나기 때문에, 분리되어 태어나는 인간 보다도 두 몸 간의 교호작용이 더 활발하게 일어난다. 한 몸을 이루고 있는 쌍둥이에게 상대방의 몸은 곧 자신의 몸의 일부라서, 각각의 몸과 마음에서 일어나는 현상들이 서로에게 즉각적으로 전달된다. 그래서 두 인간은 감정의 교감이 그 어느 존재보다도 더 긴밀하고 활발하게 일어나며, 두 개의 머리가 낳는 '지성적 교감' 또한 '감정적 교감'만큼 활발하게 이루어진다. 지성적 교감 때문에 두뇌 회전이 빠르고 지력도 상당히 뛰어나다보니 인간들은 그 결과, 자신들이 엄청난 능력을 지니고 있다는 착각에 빠지게 된다. 자신들의 능력에 대한 자신감은 세상에 대한 야심을 증폭시키는 역할을 한다. 더 나아가 인간은 자신을 탄생시킨 신들을 우습게 여기게 되고, 어느 날 신들에게 저항을 하게 된다.

이러한 일을 지켜보던 신들은 인간을 괘씸하게 여긴다. 그래서 인간의 감정적 교감 및 지성적 교감뿐만 아니라 지력과 야심 그리고 신에 대한 저항을 무력화시킬 방법을 강구한다. 그러나 그 일이 쉽지 않다. 그러던 어느 날, 신들은 인간의 지력을 저하시키려면 '지력의 교호작용'과 '감정의 교감'을 약화시키는 방법이 가장 좋다는 판단에 이르게 되고, 이를 위해 급기야 인간의 몸을 둘로 나누는 방법을 단행한다.

둘로 나뉜 인간은, 자신의 반쪽 몸이 어디론가 떨어져나갔기 때문에, 당연히 지력과 체력이 저하되며, 이와 동시에 항상 허전함을 느낀다. 자신의 본래 모습을 상실했기 때문에, 인간은 상실된 부분에 대한 결핍을 느끼며, 독신일 때는 '무언가가 부족하고 불완전하다'고 생각하게 된다. 무언가가 부족하고 불완전하다면 부족함을 메우고 완전하게 되어야 하지 않겠는가?

그러므로 인간은 '온전하고 완전한 것'이 되려는 욕망에 휩싸인다. 그것은 곧 완전하지 못하다는 데서 오는 '결핍감'과 '결핍을 해소하려는 욕구'로 나타난다. 에로스에 휩싸이는 인간은 자신의 반쪽을 찾아 헤매며, 그러다가 반쪽을 발견하면 어떻게든 한 몸이 되려고 안간힘을 쓰는데, 이것이 육체적-성적 결합 욕구이며, 성적 사랑으로 일컬어지는 '감각적 에로스'이다.

'원래는 두 개의 몸이 한 몸으로 붙어 있었다'는 신화를 만약 사실인 것처럼 진지하게 받아들인다면, 인간이 이성을 그리워하는 것—이성이든 동성이든 관계없이 자기 짝을 그리워하고, 그 짝을 찾아 헤매는 것—은 '자웅동체'처럼 원래 한 몸이었다는 데에 기인한다. 그러므로 인간이 자기의 짝을 찾아 헤매는 것은 피할 수 없는 운명이며, 짝을 찾은 후에는 그 짝과 육체적으로 결합하고자 하는 성적 욕구의 에로스를 발휘하는 것 또한 운명이다.

성적 사랑의 에로스가 인간의 운명일 수밖에 없다면, 철학자가 지식에 대해 갖는 에로스 또한 운명적인가? 그렇게 주장할 만한 정당성이 있는가?

인간은 어린아이처럼 자신의 무지를 거부하고 결핍을 느끼지 않으면서 살아갈 수도 있다. 그러나 신화적 설명방식에 따르면, 인간이 '무지와 결핍을 자각하는 것' 또한 '운명적'이다. 인간 중에서 알고자 하는 욕구를 지니지 않은 이가 있는가를 생각해보라.

입신양명을 위해서는 고등교육을 받아야 한다는 생각이 팽배한 한국사회에서, 학생들은 누구나 대학을 가야 한다는 강박관념에 시달리고 있다. 입시에 대한 스트레스 때문에 반항을 하거나, 때로는 가출을 하거나, 아예 학교를 그만두거나, 자살을 하는 극단적인 학생도 있다. 그렇다고 해서 이들 모두가 알고자 하는 욕구가 없는 것은 아니다. 입시와 공부에 대해 거부 반응을 나타내는 학생들도 자신이 좋아하는 취미와 관련해서는─누가 시키지 않아도 그리고 하지 말라고 말려도─많은 지식을 얻고자 노력하는 지적 호기심을 보여준다. 자신이 선호하는 것과 관련된 분야에 대해서라도 무지하다는 자각을 하고 있다면, 결국 어떤 차원에서이든지 간에 '무지와 결핍에 대한 자각'을 하고 있는 것이고, 이러한 자각은 인간에게 지식에 대한 에로스는 '운명적'이라고 말할 수 있는 근거가 된다.

그 근거를 플라톤의 설명방식을 통해서 재확인할 수 있다. 플라톤에 의하면 인간은 누구나 기본적으로 '영혼'과 '육체'로 구성된다. 영혼의 본질적 측면과 육체의 본질적 측면은 다르다. 두 측면 간의 '다름' 때문에, 인간은 에로스를 지닐 수밖에 없게 된다. 즉, 영혼은 지식과 지식체계인 이데아 세계를 볼 수 있는─파악할 수 있는─정신적 능력을 지니지만, 육체는 지식체계인 이데아 세계를 볼 수 있는 정신적 능력이 없다는 '다름'을 지닌다. 이 때문에 정신과 육체는 크나큰 차이점을 지닌다.

인간이 탄생하려면 영혼과 육체의 결합이 있어야 하는데, 영혼은 육체와 결합하기 이전의 순수한 상태에서 '지식의 원형'인 '이데아 세계'에 머물고 그 이데아를 본다. 그러나 육체와 결합하기 위해 이데아 세계를 떠나면서 영혼은 이데아에 대한 기억을 잃어버리는 망각의 강물(레떼의 강)을 마시게 된다. 이데아를 보고 이데아를 망각한다는 것이 이해가 되지 않으면, 한국인이 생각하는 저승길을 떠올려보자. 「전설의 고향」이라는 TV드라마에서 자주 사용하는 수법은, 죽은 영혼이 저승사자를 따라갈 때 맨 먼저 배를 타고 강을 건너고, 그리고 나서 뜨거운 햇볕이 내리쬐는 험한 길을 가다가 너무도 목이 말라 우물에서 물 한 바가지를 마시면서 이승의 기억을 잊는 것이다. 이와 유사하게, 플라톤의 영혼은 태어날 때 저승의 기억을 잊는다. 플라톤에게 육체와 결합하는 영혼은, 순수한 영혼 상태에서는 이데아를 볼 수 있지만, 육체의 옷을 입기 전에 망각의 강물을 마시기 때문에 이데아에 대한 기억을 상실한 '일종의 기억 상실자'로서 삶을 출발한다.

순수한 영혼의 상태에서 이미 보았지만 육체의 옷을 입으면서 망각하는 '지식체계'인 '이데아 세계'에 대한 경험은 인간이면 누구나 지니고 있다. 그러므로 이데아 세계를 그리워하고, 이와 더불어 무지를 자각하면서 지식에 대한 결핍을 느끼고, 지식체계로 향하는 사랑과 열정을 산출하는 '에로스'는 인간이면 누구나 가지고 있다. 학교 공부를 싫어하는 학생이든 아니면 좋아하는 학생이든 간에 상관없이, 누구나 이데아를 이미 보았고 그리고 망각했다는 점은 동일하다.

그런데 여기에서 지의 원형으로 지칭되는 이데아란 도대체 무엇인가? 우선 이데아가 무엇인지를 설명하기 이전에, 지식을 망각한 상태에서 지식을 어떻게 획득하는가를 상기해보자. 어떻게 지식을 배우느냐고 묻는다면, 흔히들 "부모님과 선생님에게서 배우잖아!"라고 대답할 것이다. 그렇다면 부모님이나 선생님은 지식을 누구에게서 배웠는가? 또, 부모님의 부모님은, 부모님의 부모님의 부모님은……? 그리고 선생님의 선생님은, 선생님의 선생님의 선생님은……? 이런 식으로 거슬러 올라가면 "가르쳐줄 사람이 아무도 없는 인간은 지식을 어떻게 획득했을까?"라는 의구심이 든다.

플라톤은 인간이 지식을 획득하는 계기는 가정교육이나 학교교육이 이루어지기 이전의, 육체가 지닌 '감각 능력'이라고 한다. 우리 눈앞에는 감각적으로 펼쳐져 있는 개별적 대상, 특수한 대상이 있다. 가령 나무, 돌, 새, 인간과 같은 수많은 자연물과, 이 자연물을 인위적으로 가공하여 만든 책상, 분필, 건물, 예술품과 같은 수많은 인공물 등. 이것들 모두는 우리 눈앞에 펼쳐져 있는 것들이고 '존재하는 것들'이다. 인간은 이렇게 존재하는 것들을 보고, 듣고, 만지고, 맛보는 감각적 장치를 통해 경험한다. 존재자 전체에 대한 일차적 파악은 무엇보다도 존재자를 눈으로 보는 '시각 경험'에서부터 시작된다. 어른이든 아이든 관계없이, '존재하는 사물들'은 각각 독자성이 있으며, 어떤 것으로도 환원될 수 없는 특수성과 개별성을 지니고 있다는 것을 안다. 그러나 우리는 이 대상들 모두에게 — 마치 인간 하나하나에게 철수, 순이와 같은 고유한 이름을 지어주듯이 — 고유한 이름을 지어줄 수는 없다. 가령 세상에 존재하는 수많은 개들이 있는데, 그 개들 모두에게 이름을 지어주고 그 각각의 이름을 모두 알아서 부르는 것은 어려운 일이다.

모든 개에게 고유한 이름을 지어줄 수 없을 만큼, 각각의 개들은 독자적이고 특수한 모습을 지니고 있다. 그런데도 왜 우리는 그것들을 동일하게 개라고 부르는가?

개라고 일컬어지는 A, B, C, D 등은 각각 서로로부터 구분되는 독자성과 개별성이 있다. 그럼에도 불구하고 A, B, C, D 등을 잘 살펴보면 그들끼리의 공통성, 유사성이 발견된다. 이것은 철수, 순이라 일컬어지는 인간에게서도 발견되지 않고, 장미, 개나리라 일컬어지는 꽃에게서도 발견되지 않는 '개들만의 공통의 성질'이다. 그 성질은 A, B, C, D 등이 서로 다름에도 불구하고, 그것들을 하나로 묶어줄 수 있는 '본질적이고 고유한 특징'이다. 그것들을 동일한 영역으로 묶을 수 있는 '유사한 모양'과 '고유한 특징'을 그것들이 지니고 있는 한, 우리는 그것들 모두를 보통 명사 '개'라고 부르게 된다. 이러한 본질적이고 고유한 특징, 본질적 속성에 해당하는 것은 각각의 특수한 개들을 하나로 묶어주는 '보편성'이다. 인간이 '지식'을 갖게 되고 지식을 알아나가는 것은 바로 이 '보편성'을 파악하고, 보편성을 지니는 '지식들 간의 유기적 체계'를 형성하는 것이다.

플라톤이 말하는 지식의 원형에 해당하는 이데아는 바로 사유를 통해서, 즉 인간의 정신 능력인 이성을 통해서 파악되는 '보편성'을 의미한다. 보편성은 각각의 사물을 그것이라 인식하고, 그것을 다른 종류로부터 구분할 수 있도록 하는 '본질'이다. 이러한 본질을 지칭하는 것이 바로 '철학적 개념들'이다. 철학자들이 사용하는 개념에 상응하는 이 보편성, 이 본질이 이데아이다. 그러므로 인간이 '이데아'를 파악하는 것은 바로 '지식'을 파악하는 것이다. 이데아는 인간들의 모든 지식의 원형이다. 이데아는 망각의 강물을 마시면서 잊혀졌던 '보편성'이며 잊혀졌던 '지식'이다.

보편성을 파악하기 위해서는 망각을 극복하는 사유활동이 필요하기 때문에 이데아에 대한 파악은 감각활동만으로는 불가능하다. 그러나 이렇듯 보편성으로서 이데아를 파악하고 그리고 상기해내려면, 상기의 자극제가 되는 '감각 경험'이 필요하다.

인간의 이성은 감각에 의해 경험한 내용들이 지닌 '차이'와 '특수성'을 지우고, 그 속에서 '공통성'을 걸러내고 도출해내는 과정에서 '보편성'을 형성한다. 공통성에 해당되는 개념을 도출해내는 것은 감각 능력이 아니라 '사유 능력'이다. 즉, 육체가 아닌 '영혼의 이성 능력'이다. 사유에 의해 파악되는 지식의 원형이 보편성으로서 이데아이며, 보편성들 간의 관계를 총체적으로 설명하는 것이 이데아들의 체계이다. 이러한 이데아가 존재하는 세계를 플라톤은 '이데아계'라 부른다. 이데아계는 감각이 아니라 사유에 의해 파악되는 '보편적 개념'과 '개념들의 지식체계'이다.

순수한 영혼이 보편 개념과 지식체계인 이데아계를 이미 보았다면, 감각 경험을 하기 이전에 그리고 공통성을 도출해 내기 이전에 이데아는 이미 존재한다. 즉, 보편 개념과 지식들의 체계는 경험 이전에 이미 존재한다. 그러나 감각적 이승으로 환생하기 전에 누구나 망각의 강물을 마시기 때문에, 육체의 옷을 입은 영혼은, 순수한 영혼이 보았던 이데아에 대한 기억을 잃어버리고서 태어난다. 플라톤이 보기에 신생아가 순진무구하며 아무런 지식도 갖지 않은 완전한 백지 상태인 것은 바로 망각의 강물을 마셔서 기억을 모두 잃어버린 탓이다.

그런데 이데아를 이미 보았고 그리고 망각했다면, 육체의 몸을 입은 영혼이라고 해도 부단히 노력하면—아니면 어느 날 우연한 충격에 의해—망각된 내용을 상기할 수 있다. 기억 상실증에 걸린 사람을 떠올리면 이것을 쉽게 이해할 수 있다. 기억 상실증에 걸린 사람은 자신이 예전에 누구였고 어디서 살았고 어떤 공부를 했는지를 전혀 기억하지 못한다. 그러나 어떤 자극에 의해 옛 기억을 되돌리면 그런 부분들을 모두 상기해낼 수 있다. 단, 만약 그가 되돌릴 수 있는 기억 내용을 애초부터 지니고 있지 않았다면, 아무리 노력해도—벼락이라도 맞아서 기억을 되살리려고 노력하면서 강력한 충격을 가해도—애초에 없던 기억을 떠올릴 수는 없다. 이와 달리 인간 영혼은 누구나 이미 이데아계를 경험했기 때문에 영혼의 사유 능력을 잘 발휘하면, 엄청난 지식 내용을 회복할 수 있다.

이때 망각한 내용을 상기해내는 계기는 무엇보다도 '감각'이다. 인간이 대상들을 시각적으로 감각할 때, 그것은 특수하고 개별적인 대상에 대한 감각 경험에 불과하지만, 특수한 감각과 감각 경험은 그것의 근거가 되는 보편적 지식인 이데아에 대한 기억을 상기시킨다. 왜냐하면 감각계에 존재하는 대상들은 이데아는 아니지만 이데아를 모방하여 만들어졌고, 그래서 이데아를 분유(分有)하고 있기 때문이다.

이 세상에 존재하는 감각적 대상들은 보편성인 이데아의 모습과 유사하다. 앞에서 서로 다른 대상을 모두 '개'라고 일컬을 수 있었던 것은, 그 개들이 각기 다르더라도 그것들을 동일하게 개라고 일컬을 수 있는 보편성(이데아)이 각각의 개에게 공통적 모양과 공통적 성질로 적용되고 있기 때문이다. 각각의 개별적 개는 개의 본성 내지 본질에 해당하는 보편성을 모방하고 분유하고 있다.

순수한 영혼은 육체의 옷을 입기 이전에 이데아에 대한 기억을 상실하기 때문에, '육체'는 영혼과 영혼의 사유 능력, 즉 이성 능력의 순수성을 침해하는 '불순한 것'이다. 그것은 곧 감각계의 대상들이 아무리 이데아를 모방하고 있어도 불순하다는 것과 같은 맥락으로 이해할 수 있다. 영혼은 불순함에 물들어 있는 불완전한 자신을 한탄하면서 순수성을 회복하려고 한다. 순수성을 회복하고자 하는 욕구는 지식, 곧 지식의 원형인 이데아를 파악하려는 열정이며, 그 열정이 바로 '에로스'이다.

막 태어난 인간은 순진무구하며 아무런 지식도 갖고 있지 않지만, 사실은 태어나기 전에 이미 거대한 지식체계를 보았기 때문에 ─ 비록 그 지식체계를 망각했다고 해도 ─ 망각된 어떤 부분을 무의식중에라도 자꾸 의심하게 되는 것이고 자기에게 무언가가 결핍되었다고 느끼는 것이다. 태어나기 전에 알았던 보편적 지식체계에 대한 보고가 기억 저편에 자리하고 있기 때문에, 인간은 언제나 지식 그리고 진리와 관련하여 '결핍감'을 느끼는 것이고, 인간 누구나 본원적으로 그 '결핍감을 해소하려고 하는 욕구'를 느끼는 것이다.

　그러므로 결핍에 대한 감정도 운명적이고, 결핍을 해소하려고 하는 에로스, 즉 지에 대한 사랑도 운명적이다. 성적 욕구를 느끼는 인간이 2세를 생산하고 싶어하듯이, 지적 욕구를 느끼는 인간은 지식을 생산하고 싶어하는 에로스와 운명적으로 마주하게 된다.

누가 나의 반쪽인가

인간은 육체적으로 반쪽에 지나지 않으며 이로 인해 유한성과 한계를 지닌다고 자각하기 때문에, 그 유한성을 극복하기 위해 성적 결합 욕구를 발휘한다. 유한성에 대한 자각은 무한성, 영원성, 불멸성에 대한 욕구를 야기하며, 이 욕구가 성적 결합 욕구로 나타날 때 2세 생산이라는 종족 보존으로 나타난다.

2세를 생산하고자 하는 성적 욕구를 작동시키려면, 태어나기 전에 이미 결정되어 있는 짝이 있어야 하고 그리고 그 짝을 찾아야 한다. 그런데 짝을 찾는 문제와 관련하여 쉽게 받아들일 수 없는 측면이 있다. 내가 찾은 짝이 태어나기 전에 나와 한 몸이었던 사람인지 아닌지를 어떻게 알 수 있는가 하는 문제이다.

만약 나와 한 몸이었던 사람이 있었다는 주장을 받아들인다면, 각각의 인간에게는 이미 결정되어 있는 배우자가 있다. 그러나 간혹 사랑할 때는 운명적 사랑이라고 호언장담하고, 주변 사람들이 바람직하지 못한 결혼이라고 말려도 부득부득 우기면서 결혼했다가 결국 나중에 가서는 이혼하는 사람들이 있지 않은가? 그렇다면 그들은 서로 짝이 아니었나? 또, 만약 이혼한 사람이 재혼한다면 그 사람은 여러 명과 한 몸을 이루고 있었던 것인가?

궁금증의 요지는 세상의 많고 많은 사람 중에서 도대체 누가 자신의 반쪽인가라는 것이다. 이를 위해 자신의 반쪽이 누구인가를 찾는 방법과 확인하는 방법을 경험적 차원에서 쉽게 받아들이고 쉽게 적용할 수 있는 형태로 설명한 철학자가 있다.

쇼펜하우어는 남성이든 여성이든 관계없이 — 인간 종의 입장에서 — 누구나 '가장 완전한 2세를 생산'하기 위해서 자신에게 결여되어 있는 것을 보충해줄 사람을 '본능적으로' 찾게 된다고 주장한다. 쇼펜하우어가 반쪽을 찾는 근저에는 기본적으로 '2세 생산'이라는 종족 보존 욕구가 작동하고 있으며, 사랑의 감정에 있어서도 종족 보존을 위한 성적 충동이 중심을 차지하고 있다. 인간은 태어날 때부터 '자신의 생명 보존 욕구'와 더불어 '종족 보존 욕구'를 지닌다. 이 욕구들이 무의식적으로 작동하는 가장 강력한 자연적 욕구라는 점에 대해서는 철학자가 아니더라도 누구나 인정하는 사실이다. 그러므로 남녀가 결혼을 하는 이유는, 더 나아가 결혼생활을 하는 가운데

성관계를 맺는 이유는 '종족 보존'을 위한 '2세 생산' 때문이라고 단언하는 쇼펜하우어의 주장에 대해 심각하게 반대하는 사람은 없을 것이다.

이렇게 본다면 젊은이들이 꿈꾸는 남녀 간의 '낭만적 사랑'과, 자신의 목숨이라도 내놓을 수 있다는 '열정적이면서도 애틋한 사랑의 감정'은 종족 보존과 2세 생산을 위한 도구로만 비쳐진다. 인간이 낭만적 사랑을 성관계를 통해서 즐길 때 자연스럽게 동반되는 것이 '쾌락'인데, 이러한 쾌락도 알고 보면 2세 생산을 위한 도구에 지나지 않는 것으로 평가 절하된다.

물론 남성이 성적 욕구와 쾌락을 느끼는 존재라는 점은 간혹 인정되었지만, 그에 반해 여성은 태어날 때부터 성적 욕구와 쾌락을 느끼지 못하는 존재로 간주된 적도 있다. 역사상 오랜 기간에 걸쳐서 여성은 성욕을 지니지 않은 존재로, 그래서 성관계를 맺을 때도 절대로 쾌락을 느끼지 못하는 존재로 오인받아왔다. 여성의 성욕과 쾌락은 이처럼 억압되고 은폐되어 왔다. 그러나 비록 성욕과 쾌락을 못 느낀다고 해도, 쇼펜하우어가 보기에, 여성 역시 '2세 생산 욕구'를 지니고 있으며, 2세를 생산하여 종을 보존할 사명도 남성과 동일하게 지니고 태어나기 때문에, 쾌락의 동반과 관계없이 여성도 성관계를 맺게 된다. 오늘날에 와서는 남성과 여성이 성적 욕구도, 성관계 시 발생하는 쾌락도 느끼지 못한다는 주장은 잘못된 것이라는 점이 분명하게 밝혀졌지만, 아직까지도 결혼의 중요성을 '2세 생산'과 '종족 보존'으로 간주하는 태도는 잔존하고 있다.

이런 맥락에서 볼 때 자신에게 가장 적합한, 이른바 운명적 사랑의 대상은 '가장 완전한 2세 생산'에 도움이 되는 자이다. 그러면 도대체 2세를 위해서 '가장 도움이 되는 점'이란 무엇인가? 나의 자녀가 그저 2세인 것이 아니라 '가장 완전한' 2세가 될 수 있도록 '가장 도움이 되는 요소를 지닌 자가 누구인지'를 우리가 어떻게 알 수 있는가?

조금만 생각해보면 쉽게 답을 찾을 수 있다. 2세는 부모가 지닌 좋은 점과 나쁜 점을 교차해서 닮는다. 그러므로 2세가 닮을 수 있는 좋은 점을 남녀가 골고루 그리고 가장 강력하게 지니고 있으면 된다. 인간은 누구나 한편으로는 타인보다 더 좋은 점, 더 뛰어난 능력을 가지고 있다. 그러나 다른 한편으로는 타인보다 나쁜 점, 열등한 점 또한 누구나 가지고 있다. 아이에게 자신이 지닌 장점은 물려주고 단점은 보완하면 되므로, 자신의 '단점' 내지 '자신이 지니지 않은 점'을 가장 많이 그리고 강력하게 지닌 사람이 2세를 가장 완전하게 만드는 데에 도움이 되는 사람이다.

그러나 인간은, 자신이 어떤 능력, 어떤 잠재력을 지니고 있는지도 제대로 알지 못하는 경우가 많다. 이런 상황에서 타인의 능력과 잠재력을 어떻게 알아차릴 수 있는가?

이 난점을 극복할 수 있도록 자연이 인간에게 준 선물이 있다. 인간은 이성적으로 판단하고 비교하여 배우자를 선택하기 이전에, 자신에게 결여되어 있는 측면을 많이 지닌 이성을 만나면 자신도 모르게 불 같은 사랑에 빠져든다.[6] 사람마다 성격과 기호가 다르니 결핍되어 있는 측면도 다를 수밖에 없다. 그러므로 쇼펜하우어는 자신을 완전하게 해줄 반쪽이 누구인지를 이성적으로 판단하기 이전에 ─ 결핍성에 비추어서 ─ '본능적으로' 알아볼 수 있다고 말한다. 비록 결핍에 대해 자각하지 못한다고 해도, 종족 보존과 2세 생산을 위한 본능이 자연스럽게 발휘되기 때문에, '가장 완전한 2세 생산'을 위해 자신의 반쪽이 누구여야 하는지를 '본능적으로' 감지하게 된다는 것이다. 그런 사람을 만나면 인간은 성적 사랑의 욕구가 자연스럽게 활성화된다.

이런 측면을 알아보기 위해 부부나 연인 사이의 사람들에게 상대방을 왜 좋아하는지, 왜 사랑하는지를 물어보자. 그러면 다양한 대답이 쏟아진다. 가령 "그 사람은 참 착해요" "같이 있으면 아주 편안해요" "내가 하는 말을 잘 들어요" "어디에 있어도 믿음이 가요" "아는 것이 많아요" "취미가 유사해요" "이 사람 귀엽게 생겼지요" "예쁘잖아요" "아주 매력적이에요" "늘씬 날씬해요" 등. 이렇듯 연인 사이의 대답은 어떤 하나의 범주로 묶을 수 없을 만큼 다양하다.

그런데 위의 대답들 중에서 '2세 생산'을 염두에 두고 하는 말이라고 지적할 만한 것을 발견하기는 쉽지 않다. 열정적인 사랑을 하고 성관계를 맺는 것이 2세 생산 때문이며, 더 나아가 '가장 완전한 2세 생산' 때문이라면, 그러한 대답들 모두가 근거가 될 수도 있다. 그러나 근거가 될 수 있으려면, 대답들은 다음처럼 바뀌어야 한다. "그 사람이 착하니 나의 2세도 착하리라는 생각이 들어서요" "아내가 튼튼해야 2세가 건강하죠" "자고로 영리한 자식을 낳으려면 엄마가 영리해야 하는데, 그녀는 지적이고 똑똑해요"라는 식의, 즉 2세를 염두에 둔 대답이 등장해야 한다. 물론 일상생활에서 이런 식의 말을 노골적으로 하는 사람을 만나기가 쉽지 않다는 것은 누구나 익히 알고 있을 것이다.

결혼한 부부들에게 2세 생산과의 관련성을 염두에 두지 않고서, 배우자의 성격이 자신의 성격과 유사한지, 가치관은 서로 같은지 다른지 등에 관련된 질문을 하면, 대부분 자신과 배우자의 취미, 성격, 가치관 등이 '다르다'라고 대답한다.

물론 배우자가 서로 '다르다'라고 하는 이런 도출은 경험적인 것이고, 따라서 경험적 통계 이상의 근거를 제시하기가 어렵기 때문에, 그 다름의 필연성을 강조하기에는 무리가 있다. 또, 좋은 점이나 유사한 점은 그다지 충돌을 일으키지 않고 일상생활에 자연스럽게 스며들어 있기 때문에 사람들의 관심 대상이 되지 못하는 경우가 많다. 그러나 배우자와의 차이점은 눈에 쉽게 들어온다. 서로 다른 점은 일상생활에서 빈번하게 충돌을 야기하며, 그에 따른 의견 조율을 위해 힘겨운 시간을 보내야 하기 때문이다. 따라서 유사성보다는 차이점이, 좋은 점보다는 나쁜 점이 더 부각되는 것은 당연하다.

어떤 사람들은 그 차이를 적극적으로 받아들여서, 배우자와 차이가 있기 때문에 각자가 지닌 한계를 보완하면서 오래오래 같이 살 수 있으며, 좀더 조화를 이룰 수 있다고 주장하기도 한다. 이런 주장과 생각들은 자신의 경험에 기초하여야만 받아들이고 공감할 수 있는 것이므로, 쇼펜하우어의 주장 또한 암암리에 경험적 설명 내지 경험적 통계와 관련이 있다고 볼 수 있다.

'가장 완전한 2세를 생산'하기 위해 상대방과 결합하고자 하는 성적 욕구가 미미하게 끝나지 않고, 성적 욕구 자체가 강화되고 증폭되려면 상대방이 '자신에게 결핍되어 있는 부분'을 많이 그리고 강력하게 지니고 있어야 한다. 에로스 신의 탄생 배경으로 되돌아가서 설명한다고 해도 이런 점은 분명하게 드러난다.

아프로디테 탄생 잔치를 할 때 잉태된 에로스는, 수태의 기회를 제공했다는 점에서 언제나 아프로디테에 대해 선망을 지니고 있다. 선망되는 아프로디테가 주관하는 것은 지혜와 미이다. 그러므로 에로스가 아프로디테를 선망하는 것은 달리 말하면 지혜와 미를 선망하는 것이다. 즉, 에로스 자신이 지니지 않은 지혜와 미를 선망하는 것이다. 진리의 결핍을 극복하려고 하는 철학자처럼 아프로디테가 지닌 지혜를 선망하기 때문에, 에로스는 철학자를 상징하는 '애지자'이며 '철학자의 에로스'이다. 그리고 아프로디테가 지닌 미를 선망하기 때문에, 에로스 신은 아름다움을 동경하는 에로스이다.

에로스 신이 활동하는 곳에는 '지혜와 미의 결핍'이 그리고 지혜와 미를 획득하려고 하는 '욕구'로서 '철학적 열정과 사랑'이 존재한다. 이러한 열정과 사랑은 지혜, 진리, 지식의 영역에만 적용되는 것이 아니라 일상에서도 마찬가지로 적용된다. 특히 미에 대한 결핍을 자각하고 미에 대한 사랑을 발휘하는 것은 철학과 예술의 영역 모두에서 중요하지만, 일상생활과 관련시킬 때 그 근거를 발견하기가 훨씬 용이하다.

주변에서 흔히 접하는 일상적 사물에서 미가 발견될 때, 그것을 획득하고 그것과 결합하려고 하는 열정과 사랑이 활성화된다. 장미꽃, 금강산, 석굴암, 나이아가라 폭포 등 아름다운 대상은 에로스를 자극하며, 이 중에서 이동 가능하고 운반 가능한 것은 누구나 자신의 소유물로 만들고 싶어한다.

그런데 감각적이고 아름다운 대상 중에서 인간을 가장 뒤흔드는 것은 우리들과 동일하게 영혼을 지닌 '아름다운 인간의 육체'이다. 아름다운 육체를 보면, 사람들은 환호하면서 사랑의 열정에 휩싸인다. 미녀와 미남이 선망되는 이유는 에로스를 야기하는 감각적 미 때문이다. '감각적 미'에 대한 환호는 이성과 결합하고자 하는 육체적, 성적 에로스와 같은 맥락에 있는 '감각적 사랑'이다.

성적 사랑을 넘어서는 원동력은 '미'인가

지금까지 알아본 내용에 따르면 에로스는 서로 상반되는 의미를 지닌다. 에로스는, 한편으로는 남녀 간의 육체적, 성적 결합 욕구로 나타나는 '성적 사랑' '감각적 사랑'인가 하면, 다른 한편으로는 철학자가 무지를 자각하고 지를 갈구하는 '지에 대한 사랑' '지에 대한 열정'이기도 하다.

'동일한 하나의 개념'이 서로 '상반되는 의미'를 지니지만, 두 가지 의미는 모두 인간 삶에서 중요하고 필요한 것이다. 그렇다면 에로스의 상반되는 의미를 서로 연결하여 내적 연관성을 마련할 가능성은 없을까? 이런 가능성을 꿈꾼다는 자체가 마치 억지를 부리는 것 같다. 이것은 "남녀 간의 사랑이라는 말을 들으면 곧바로 '지에 대한 열정'이 떠오르는가?"와 같은 질문이기 때문이다.

'지에 대한 사랑'이 '남녀의 성적 사랑'과는 현격하게 다르다는 것은 누구나 알고 있다. 남녀의 사랑은 육체적-성적-감각적 사랑이 기본 출발점이다. 남녀는 서로의 육체를 탐하다가, 2세가 생산되면 마치 사랑의 사명을 다한 것처럼 살아도 큰 문제는 없을 것이다. 그러나 철학자의 에로스는 성적 사랑과 동일하지 않은 측면을 담고 있다.

에로스 신의 탄생 배경을 상기하면, 철학자 역시 '남녀 간의 성적 측면'에서 출발한다고 볼 수 있다. 그러나 그는 '성적 사랑'을 넘어서는 단초를 지니고 있다. 철학자가 느끼는 결핍이나 결함, 욕구에는 '영원성'과 '지속성'이 결핍된다는 자각이 동시에 동반되기 때문이다. 영원성과 지속성은 인간의 육체적 측면과 정신적 측면 모두에서 요구되는 무한성이다.

육체는 언젠가 죽어야 한다는 유한성을 지닌다. 이것은 영원성과 지속성에 대한 결핍감을 낳는다. '유한한 육체'의 '일시성'과 '단절성'은 '유한한 육체를 보존하고 지속시키고자 하는 욕구'로 발전한다. 즉, 궁극적으로 '자신의 종'을 보존하고자 하는 '2세 생산 욕구'로 승화된다.

그런데 만약 어떤 사람이 유한한 육체와 마찬가지로 '정신력의 한계'를 자각한다면 그리고 지식의 결핍을 자각한다면, '정신의 영원성과 지속성을 보존하기 위한 욕구'를 갖게 되고, '지식을 생산하고 싶은 욕구'와 '지식을 보존하고 싶은 욕구'를 발휘하게 된다. 철학자가 느끼는 영원성과 지속성은 지식에 대한 욕구를 낳으며, 지식에 대한 욕구는 이데아에 대한 상기와 파악으로 귀결된다.

이때 철학자가 지식의 결핍을 느끼고 무지에 대해 자각하는 것은, 마치 머릿속에 어느 날 갑자기 섬광이 비치듯이 불현듯 이데아 세계가 떠오르기 때문이 아니라— 이미 앞에서 설명했듯이— 이데아 세계를 상기하도록 만드는 어떤 계기가 있었기 때문이다. 철학자는 감각계에 존재하는 특수한 대상들을 보고, 듣고, 감지할 때, 특수한 감각 대상들을 존재하도록 하는 근거이면서 '지식의 원형'이 되는 '보편성' 내지 '본질'을 이성 능력에 의해 상기하게 된다. 철학자로 하여금 지에 대한 사랑과 열정을 발휘하게 하고 이데아를 상기하도록 만드는 것은 '감각적 자극'이다.

그러면 이제 감각적 자극과 감각적 계기가 이데아를 상기하도록 하는 것과, 성적 사랑을 넘어서서 정신적 사랑을 야기하도록 하는 것이 어떻게 연결되는지를 알아보기 위해(즉, '성적 사랑'과 '지에 대한 사랑'의 연관성을 알아보기 위해), 사람들이 '미'에 대해 환호하는 차원으로 되돌아가보자.

사람들이 '아름다운 대상' '아름다운 인간의 육체'를 보면서 환호하는 것은 일단은 '성적 사랑의 감정'을 크게 벗어나지 않는다. 인간은 아름다운 육체를 감각하면, 성적으로 결합하고 싶은 '감각적 욕구'가 생긴다. 상대방이 지닌 아름다움은 사람의 마음을 동요시킨다. 그러나 감각적 미는 금방 시들어버린다. 아무리 아름다운 꽃도 몇 주를 지속하지 못하고 떨어져버리고, 아름다운 인간의 육체도 시간이 지나면 쪼글쪼글 주름이 생기면서 흉해진다. 젊은 시절의 화려했던 모습도 끝내는 사라지기 때문에, 육체의 아름다움은－그 아름다움이 아무리 탁월해도－'영원성'과 '지속성'이 결여된다. 육체의 아름다움은 정신적 측면과 별개이기 때문에, 육체의 감각적 아름다움이 영혼의 지속적인 울림을 담아낼 수는 없다.

어찌 보면 사람들이 미인을 선호하는 것이나, 감각적 아름다움이 성적 결합 욕구를 극도로 자극하는 것은 당연한 사실일 수 있다. 그러나 성적 욕구는 일단 충족되면 육체적 만족에 그칠 가능성이 높다. 상대가 아무리 아름다워도 상대와의 성적 결합과 성적 욕구에 '탐닉'하는 사람은 심신이 지치며, 때로는 정신적인 자기계발을 스스로 방해하기도 한다. 감각적 아름다움에 집착하면, 온 정신이 성적인 것에 얽매이게 되고, 더욱더 육체적 쾌락에만 탐닉하는 악순환이 발생하면서 창조력과 상상력이 고갈된다.

그러므로 성적 사랑이 영혼을 일깨우고 영감을 불러일으키려면 감각적 아름다움 이상의 어떤 것이 있어야 한다. 성적 결합 욕구가 감각적 아름다움에서 자극받았다고 해도, 성적 사랑을 초탈하는 과정이 필요한 것이다. 성적 사랑을 초탈하려면, 감각적 미를 경험할 때 인간 영혼을 동요시키고 영혼의 울림을 야기할 만한 어떤 것, 즉 감각적인 것이 담보해낼 수 없는 영원성과 정신성이 담겨 있어야 한다. 아름다움이 그런 역할을 할 수 있으려면, '감각적 미'가 '정신성'을 상기시키고

'정신적 미'를 상기시켜야 한다.

정신적 미는 성적 결합 욕구 이외의 다른 측면을 야기한다. 정신적 미는 정신성에 대한 감탄과 지성적-이성적 차원에 대한 파악을 동반함으로써, 나의 지적 상태를 되돌아보게 하고 지적 결핍과 불완전함을 반성하게 한다. 그 과정에서 자신의 결핍을 해소하고 완전한 진리에 도달하고자 하는 욕구가 발생하는데, 이것은 곧 지적 탁월성을 지닌 사람과 지적으로 결합하고자 하는 욕구로 나타난다.

'지적으로 결합한다'는 것은 지식과 진리를 풍부하게 지닌 사람과 자주 만나고, '정신적 대화'를 나누면서, '정신적 교감'을 하는 것이다. 정신적 교감을 하는 가운데 상대방과 지적 능력이 유사해질 수 있으며, 또 유사해지고 싶은 욕구가 충족될 수 있다는 기대 때문에 인간적 만남과 대화는 지속된다. 이렇듯 지적으로 결합하고 싶은 욕구가 '정신적 사랑'의 감정이다.

정신적 사랑을 통해 인간이 지닌 이성 능력이 계발되며 창조력과 상상력 — 지적 상상력이든지 예술적 상상력이든지 간에 — 이 활성화되면서 영혼의 울림이 야기된다. 정신적 사랑은, 플라톤이 에로스를 설명할 때 제시하는 '지에 대한 사랑'과 '무지를 해소하고자 하는 열정'에서 그 가능성을 전형적으로 찾아볼 수 있다. 그래서 때로 '정신적 사랑'은 '플라톤적 사랑(platonic love)'으로 일컬어진다.

철학자도 아름다운 인간의 육체에 경탄하고, 그 육체와 성적으로 결합하고자 하는 성적 에로스를 지닌다. 그러나 철학자는 자기에게 성적 결합 욕구를 야기한 앞의 육체와 '동일한' 아름다움 또는 '유사한' 아름다움이 다른 육체에도 존재한다는 것을 깨닫게 된다. 아름다운 육체에 대한 감각적 경험을 반복하면서 '한 육체의 미'는 '다른 육체의 미'와 유사하다는 데에 도달하고, 게다가 '다른 육체의 미'뿐만 아니라 '그 밖의 육체'에서도 동일한 미를 발견하게 되는 것이다. 철학자는 동일하게 또는 유사하게 아름다움을 지니는 다른 것들에서도 아름다움을 느끼고 아름다움을 향유하려 하며, 철학자는 점차 '모든 육체의 미'가 유사하다는 것을 파악하게 된다. 모든 육체의 미를 파악하는 것은, 곧 '미의 공통성과 보편성'에 대한 개념적 파악에 이르는 것이다.

그런데 미의 유사성은 인간에게서만 발견되는 것이 아니라 다른 대상에게서도 발견된다. 사람들은 꽃, 새, 나무, 돌산 등을 감각할 때도 '아름다움'을 발견하고 그것들이 보유하는 아름다움의 유사성에 주목하게 된다. 그것들 중 동일한 종류의 대상이라면 어떤 것은 아름답고, 어떤 것은 아름답지 않다고 판단할 수 있는 근거가 쉽게 감지된다. 꽃의 종류에도 인간에게서 언급했던 미의 공통성과 미의 보편성이 있을 것이고, 새의 종류에도 미의 공통성과 미의 보편성이 있을 것이다. 그러나 외형이 현격하게 다른 대상들 간에는 동일하게 아름답다고 말할 수 있는 어떤 측면을 쉽게 감지해내기가 어렵다. 가령 꽃의 아름다움은 다른 꽃의 아름다움과 비교할 수 있고 양자의 일치성을 논할 수 있지만, 꽃의 아름다움과 새의 아름다움은 어떤 면에서 비교할 수 있겠는가? 게다가 꽃의 아름다움과 꾀꼬리의 지저귐에서 느끼는 아름다움을 비교한다면, 이들은 시각 경험과 청각 경험 간의 비교이니, 같은 시각 경험을 가지고서 비교하는 것과는 또 다른 어려움이 발생한다.

그러나 인간, 꽃, 새와 같이 서로 현격하게 다른 대상들이 갖고 있는 외형적 차이에도 불구하고 그들을 동일하게 '미'라는 맥락에서 판단할 수 있는 어떤 기준 내지 원형, 즉 서로 다르고 차이가 있는 것들을 동일한 아름다움으로 판단할 수 있는 '아름다움의 본질' 내지 '아름다움의 원형'이 있을 것이다.

플라톤이 말하는 아름다움의 본질인 '미의 이데아'가 바로 서로 다른 대상들에 공통적으로 관철되는 '미의 공통성'과 '미의 보편성'의 근거가 된다. 여기에서 공통성과 보편성은 동일한 의미는 아니다. 그러나 감각적 시각 능력을 통해 파악되는 대상은 모두 개별적이며 하나로 환원되지 않는 차이점을 지니기 때문에, 감각 대상으로부터 동일성을 도출해내려면 먼저 감각적 차원에서 유사성과 공통성이 경험되어야 한다. 그 대상이 다른 대상과 다르다고 할 만한 차이점과 개별성이 관철되고 있음에도 불구하고, 그 대상을 다른 대상과 동일하게 파악하려면 공통성의 '본질적 특징'이 개입하고 있어야 한다. 그 특징을 개념화한 것이 '원형' '본질' '이데아'이다.

아름다움의 본질, 즉 미의 이데아가 존재하기 때문에, 인간은 하나의 감각 대상에서 미를 경험하면서 동시에 모든 육체의 미가 동일하다고 판단하게 만드는 개념적 장치인 '미의 이데아'에 이르게 된다. 이러한 개념은 이성적 사유를 통해서, 정신적 능력을 통해서 파악된다.

정신적 능력을 지닌 인간이라면, 즉 감각적 능력 이상의 이성적이고 지성적인 능력을 지닌 인간이라면, 성적 욕구에서 해방되어, 시들지 않는 미의 보편성인 '정신적 미'를 발견하게 된다. 정신성은 인간 육체로부터 감각적으로 자극을 받지만, 감각적 차원을 넘어서는, 즉 육체적 차원을 넘어서는 '아름다운 활동'과 '아름다운 학문'으로 나아간다. 활동과 학문은 감각적 아름다움과는 다른 차원의 것이며, '감성'이 아니라 '이성'에 의해 파악되는 것이다. 인간들이 아름답다고 인식하는 활동과 학문에는 아름다움의 본질인 '미의 이데아'가 분유되어 있고, 미의 이데아를 닮아 있는 '아름다운 활동'과 '아름다운 학문'은 '미의 이데아'를 상기시킨다.

미의 이데아는 철학자가 지속적으로 갈망하면서 획득하기를 원하는 '진리와 지혜의 이데아'이기도 하다. 이데아는 '존재하는 것들'(존재자)의 보편성이고, 이 보편성은 인간 이성이 파악하고자 하는 지식의 원형이다. 세상에 널려 있는 존재자가 다양하듯이 존재자의 원형이 되는 이데아도 다양하다. 즉, 이데아에 해당되는 지식도 다양하다. 그러므로 다양한 지식을 내적으로 관계지워주고, 모든 지식을 하나의 체계로 통일시켜주는 근거에 해당하는 지식이 필요한데, 플라톤은 이것을 미의 이데아라고 부른다. 미의 이데아는 모든 미의 원형이며, 모든 지식의 '원형'이고 '지식의 원형의 원형'이다. 미의 이데아는 모든 이데아들을 가능케 하는 근거이다. 모든 지식의 원형이면서 모든 지식을 가능케 하는 근거이기 때문에, 미의 이데아는 진리의 이데아이기도 하다.

그러므로 미에 대한 욕구는 진리와 지혜의 원형으로 나아가는 힘이다. 철학자가 자신의 무지를 자각하고 지에 대한 결핍을 해소하려고 하는 욕구, 즉 '지에 대한 사랑'이라는 '에로스'를 발휘하는 것은 아름다운 대상을 감각할 때이다. 아름다운 대상을 볼 때 인간의 마음에 정신적 동요가 일어나며, 이것은 미의 이데아를 인식하고자 하는 열정으로 작용한다. 아름다운 대상에 대해 환호하는 것은 진리의 이데아를 인식하고자 하는 열정이다.

에로스는 미의 원형에 도달할 때까지, 인간의 영혼과 이성을 움직이게 하는 힘이다. 에로스가 감각적-성적 사랑에서 이성적-정신적 사랑으로 승화되는 힘이라는 것은, 철학자가 순수한 지의 세계인 이데아계로 고양되는 도정에서 드러난다. '성적 사랑'에서 '정신적 사랑'으로의 이행은 철학자의 학문적 열정을 작동시키는 힘이고, 철학자를 지와 진리의 세계로 인도하는 힘이다. 이렇듯 '정신적 사랑'은 성적 사랑과 감각적 육체에 탐닉하는 심정이 놓쳐버릴 수 있는 영원성과 지속성을 담고 있으며 영원한 지식체계에 대한 사랑을 담고 있다.

'아름다운 활동'과 '아름다운 학문'은 진리의 이데아와 긴밀한 연관성이 있으며, 미의 이데아는 진리의 이데아이다. 게다가 진리는 이론에 그치는 것이 아니라 실천적 행위와 관련을 맺게 되므로, 진리의 이데아는 인간의 모든 행위와 활동의 원천이며 가치 판단의 기준이 된다. 가치 판단의 기저에 놓여 있는 것은 '선'이다. 그래서 플라톤에게 행위와 가치 판단의 기준은 선의 이데아이다. 진리의 이데아는 행위 및 실천과 연관이 있으므로, 진리의 이데아는 선의 이데아이기도 하다.[7]

플라톤에게 선의 이데아는 진리의 이데아이고, 진리의 이데아는 미의 이데아라서, 우리가 흔히 말하는 진·선·미는 근본적으로는 통일되어 있다. 미를 추구하고 아름다움을 지니는 대상을 선호하는 것은, 플라톤에게는 '선에 대한 추구'이며 '선을 지니는 대상을 선호하는 것'과 동등한 위상을 지닌다.

그러나 일반적으로 진·선·미는 서로 다른 개념이다. 진리를 다루는 영역(철학 내지 종교)과, 선을 다루는 영역(윤리학 내지 실천 철학)과, 미를 다루는 영역(미학 내지 예술)은 서로 분명하게 구분된다. 그러므로 진·선·미를 분리하고 그에 상응하는 독자적 학문 분야를 구축하면서 '학문의 분류체계'를 만들려고 노력하는 철학자는 진·선·미가 미의 이데아로 또는 선의 이데아로 통일된다는 플라톤의 입장을 좀더 신중하게 다룬다. 왜냐하면 진·선·미의 통일을 경험적 맥락에 적용하면 서로 구분되는 영역을 모호하게 섞어버릴 위험이 있고, 더 나아가 아름다운 '미녀는 도덕적'이고, 아름답지 못한 '추녀는 비도덕적'이라는 논리를 정당화하는 것으로 악용될 수도 있기 때문이다. 또한 미의 자율성과 미의 독자성을 확보하려는 근대의 미학적 노력을 무산시킬 위험 요소도 있기 때문이다.

아름다운 여성의 서로 다른 운명 : 축복과 타락

'아름다움'은 어느 시기에나 어느 곳에서나 선호되어왔다. 그러나 아름다움을 야기하는 대상은 다양하기 때문에 '미'의 절대적 기준이 무엇인가에 대한 논란이 끊이지 않았으며, 그 기준을 제시하기에도 상당히 어려운 면이 있다. 시대마다 장소마다 다르기는 하지만, '비례'를 미의 대표적 근거로 제시하는 이론이 있다. 가령 사람들은— 비록 무덤이긴 하지만— 피라미드를 훌륭한 예술작품으로 평가한다. 왜냐하면 피라미드의 높이와 바닥의 넓이 간의 비례, 각 부분과 전체 간의 비례가 10대 1, 3대 5 등과 같은 비례를 지니고 있기 때문이다. 이 비례는 그 어떤 비례보다도 아름다운 황금분할적 비례로 간주된다. 그러나 사람들은 비례를 설정할 수 없는 대상인 별, 아주 작은 금이나 다이아몬드 같은 데서도 아름다움을 느낀다. 이런 경우에는 비례가 적용되지 않으므로 아름답다고 할 수도 없고 하지 않을 수도 없는 어려움에 봉착하게 된다. 그래서 아직까지도 '미의 기준'에 대한 논쟁이 지속되고 있다.

'미의 기준이 무엇인지'와 '가장 아름다운 것이 무엇인지'를 쉽게 제시하기에는 다소 어려움이 있지만, '미'는 언제나 선호되어왔다. '아름다운 예술품'은 그렇지 않은 작품과 달리 박물관에 고이 간직되며 시대를 초월하여 사람들의 심금을 울린다. 아름다운 대상은 자연물이든 인공물이든 관계없이 시인의 영감을 불러일으킨다. '아름다운 여성' 또한 사람들에게, 특히 시인과 같은 예술가에게 영감의 소재가 된다.

이러한 '여성의 아름다움'이 서구에서는 특권층의 상징으로 간주되던 시절도 있었다. 17~18세기의 프랑스에서 부와 권력을 지닌 상류층 여성은 무엇보다도 도덕성과 우아함에 대해 철저한 교육을 받았는데, 만약 그 여성이 아름답기까지 하다면 이것은 상류층의 특권을 강화시키는 장치가 된다. 왜냐하면 그녀의 아름다움은 그녀가 부, 권력, 도덕성, 우아함을 지니고 있어서 자연이 그녀에게 준 '선물'로 간주되기 때문이다. 당시 사람들은 만약 부, 권력, 도덕성, 우아함이 없었다면 그녀가 아름다움이라는 '선물'을 자연으로부터 받을 수 없었을 것이라고 추측하곤 했다. 그러므로 미는 재산, 높은 신분, 순백색 피부에 의해 상징되는 도덕적 순수함에 따라다니는 형식적 부속물[8]로 간주된다. 아름다움은 특권층과 상류층의 여

성에게는 그녀의 도덕성과 우아함에 빛을 더해주는 것이고 일
종의 '축복'이다.

그러나 상류층 여성에게서만 '미인'이 탄생하는 것은 아니
다. 하류층에서도 탁월한 아름다움을 지닌 여성은 얼마든지
태어날 수 있고, 얼마든지 발견된다. 그러나 하류층 여성의 아
름다움은 상류층 여성과 반대로 축복이 아니라 '불행의 씨앗'
이다. 왜냐하면 하류층의 미인은 조만간 그녀에게 다가오는
남성에게 자신의 육체를 바치고 그 결과 성적 욕구의 노예가
되어 타락의 길로 들어서게 될 것이라고 예측되기 때문이다.
당시 여성들은 — 여성 교육 기관이 제대로 갖춰지지 않은 시
기라서 — 교육을 제대로 받을 수 없었기 때문에 세상과 남성
에 대한 이해가 부족했고, 더군다나 하층민은 자녀에게 학교
교육뿐만 아니라 조신함과 정숙함에 대한 예절교육 및 성교육
을 시킬 만한 정신적 여력이 없었다. 하류층 미인들은 도덕성,
우아함, 자존심을 내재화하지 못한 상태에 놓여 있기 때문에,
성적 탐욕만을 지니고서 그녀에게 접근하는 남성의 감언이설
에 쉽게 넘어간다.

만약 성관계를 맺은 남성과 결혼으로까지 이어진다면 큰
문제는 없겠지만, 서구에서 근대 시기의 여성들은 결혼하려면
시댁에 상당한 지참금을 주어야 했기 때문에, 하류층 미인이
자신에게 접근하는 중·상류층 남성과 결혼하는 것은 사실상
어려웠다. 중·상류층 남성과 결혼하려면 그에 걸맞은 많은 지
참금이 필요한데, 돈이 없는 하류층 여성이 무슨 수로 '지참

금'을 마련할 수 있었겠는가? 한국 여성이 결혼할 때 마련해 가는 '혼수품'을 지참금과 같은 맥락에 놓는다면 쉽게 이해할 수 있다. 가난한 여성이 부유층이나 권력층과 결혼하는 과정에서 혼수품 때문에 스트레스를 받고, 때로는 경제 수준의 차이로 인해 결혼 반대에 부딪히는 경우들이 있는데, 이것은 시댁에서 요구하는 '상당량의 지참금'을 마련하지 못하는 서구 근대 시기 하류층 여성의 비애와 별반 다르지 않다.

하류층 여성, 그 중에서도 뛰어난 아름다움을 지닌 여성은 성적 욕구를 충족시키려고 접근하는 이 남자 저 남자에 의해 성적 유혹을 당하고 성관계를 맺고 버림받는 과정을 반복한다. 수치심을 느끼는 여성은 그러다가 자포자기하여 자기 고향을 떠나는데, 타향에서 의식주를 해결할 방법이 묘연하다보니 끝내는 성매매 공간으로 유입된다. 18세기 프랑스에서는 아름다운 하류층 여성들이 파리로 도망쳐서 평생 아름다움에 대한 대가를 톡톡히 치르면서 살아가곤 했다. 하류층의 가난한, 그러면서 아름답기도 한 여성의 아름다움은 '부, 권력, 도덕성, 우아함'의 부속물이나 축복이 아니라, 오히려 '부의 부재, 권력의 부재, 도덕성의 부재, 우아함의 부재'를 상징적으로 부각시키는 장치가 된다. 즉, 그녀의 아름다움은 그녀가 앞으로 필연적으로 '타락할 여자', 때로는 이미 '타락한 여자'임을 상징하며, 마치 남성을 유혹하는 원죄처럼 스스로 타락할 수밖에 없는 운명을 지닌 자라는 '죄와 불법의 기호'가 된다. 그녀의 '아름다움'은 영감을 불러일으키기보다는 인간을 타락시키는 독소에 지나지 않게 된다. 탁월한 '아름다움'을 지닌 여성은 성을 팔고 성을 도구화하는 자로 전락하기 때문에, 성적 욕구의 노예라는 징표를 지니고 태어난 자가 된다. 그녀의 성적 욕구는 아름다움과 어울려서 에로틱한 분위기를 연출해내며, 이로 인해 남성의 이성적 판단과 평정 상태를 동요시키면서 남성마저 타락의 길로 유혹하는 '이브'의 욕구로 간주된다.

엄격하게 말하면 아름다운 하류층 여성이 타락할 수밖에 없도록 몰아가는 사회 분위기, 남성들의 탐욕, 무책임 그리고 지참금 제도가 무엇보다도 하류층 미인을 불행하게 만드는 원인이지만, 이런 부분은 쉽게 간과된다.

미를 '도덕성'과 결부시키는 근대의 잘못된 관점에 따르면, '추함'은 '비도덕성'과 연결된다. 나아가 '추함'은 '사회적 비천함'과 '열등함'의 상징이 된다. 부유하고 덕스러운 상류층 여성에게 나타나는 아름다움이 자연의 선물이듯이, 가난한 하류층 여성에게 나타나는 '추함'은 '부유하지 못하고' '덕스럽지 못한' 대가로 간주된다. 하류층 여성은 '가난'하고 비천하기 때문에 교육을 제대로 받지 못하며, 그래서 지적으로 열등하고 '도덕성도 결핍'되어 있다. 그럼에도 불구하고 당시에는 어떤 여성이 '하류층 추녀'이면 도덕적이지 못하며, 도덕적이지 못해서 추하게 태어난 것이라고들 생각했다. 이렇게 추함은 악덕의 결과이며 동시에 악덕의 상징이 된다. 그러므로 추함은 '도덕적인 측면'에서 인간의 영혼을 동요시킬 수 없고 그리고 동요시켜서도 안 되는 것이 된다.

근대 서구에서 나타난 '미인에 대한 사회적 편견'을 자세히 살펴보면 '아름다운 인간 육체'를 무조건 '도덕성'과 연결시키는 것은 근본적으로 한계가 있다는 것을 쉽게 알 수 있다. 아름다움이 '도덕적 순수함'에 대한 선물이고, 추함이 '악덕의 결과'라면, 왜 하류층에도 미인이 있는가? 당시 사람들은 하류층의 미녀가 상류층이 아닌데도 아름다움을 지닌다면, 그녀는 반드시 타락할 것이라는 주장으로 '미/추'를 '도덕성-비도덕성'과 연결시켰다.

그러나 아름다운 여자의 운명은 그녀가 '선하다' 내지 '악하다'에 기인하기보다는 그녀가 처한 '경제적, 교육적, 사회적 조건'이 한데 어우러져서 형성된다. 육체의 아름다움은 도덕성 내지 인간성과 뚜렷한 관련이 없다. 똑같이 아름다워도, 상류층 여성에게 주어지는 찬사와 하류층 여성에게 주어지는 비난은 '아름다움이 놓여 있는 조건'에 대한 고려 없이는 이해할 수 없다. 미/추를 도덕성과 연결시키고, 또 사회적 계급의 구분과 연결시키는 것은 근대 초기 서구에 나타난 일시적 현상이지만, 아름다움에 대한 환호와 찬양 그리고 이와 동시에 아름다움에 연결시키는 부정적 이미지는 지금도 알게 모르게 영향을 미치고 있다.

한국사회에서 아름다워지고 싶은 욕구를 오늘날처럼 실천적으로 보여주는 시기도 없을 것이다. 끊임없이 성형 수술을 하거나, 아니면 박피 수술이라도 하려고 하고, 화장술을 통해 자신의 얼굴이 지닌 단점을 개선해보려고 한다. 게다가 요즘 여성들은 지방 흡입술을 통해 뚱뚱한 부위를 완화시키려고 하면서, 유독 가슴만은 확대 수술을 하여 매력적인 분위기를 연출하려고 하는데, 여기에는 자신의 육체가 지니는 성적 매력을 증가시켜서 에로틱한 분위기를 만들고 성적 욕구를 자극하려는 전략이 숨어 있다. 왜 이런 전략을 펼치는가? 조금이라도 더 아름다워져서 그 아름다움 때문에 타인으로부터 대우받고 싶은 욕구가 마음속에 내재하기 때문이다. 그런데 문제는 '왜 이런 욕구를 사람들이 마음속에 지니고 있는가'이다. 그것은, 우리 사회가 여성의 아름다움과 성적 매력을 강하게 요구하고 있고, 여성을 상품화하는 분위기가 우리 사회에 팽배하기 때문이다.

그러면서 역설적이게도 여성의 미와 성적 매력을 요구하는 사람들은 내심으로는 미와 성적 풍만함을 지니는 여성은 "남성이 조금만 유혹해도 쉽게 넘어가는 헤픈 여자일거야"라고 오해하거나, "성관계가 문란하고 성적 쾌락에 탐닉하는, 바람기가 많은 여자일거야"라는 편견어린 말들을 아무렇지도 않게 내뱉곤 한다.

인간의 가치가 무엇보다도 개인의 정신적 측면, 지적 측면, 내면의 고귀함에 놓여 있다는 것을 강조하는 현대 사회에서, 미모와 성적 매력으로 타인을 평가하고, 또 미모와 성적 매력으로 타인에게서 인정받고 싶어하는 태도가 근대 사회에서보다도 더 심각하게 나타나는 것은 참으로 아이러니하다.

정신적 사랑의 기준 : 정신성

세상에는 아름다운 여성만 있는 것이 아니라 아름다운 남성도 있다. 그러나 아름다운 남성은 '성적 타락'과 같은 기준에 의해 평가되지 않는다. 남성은 여성과 달리 '지적인 존재'이며 정신성과 영혼성을 본질적으로 지니는 존재로 간주되어 왔기 때문이다. 미와 성이라는 잣대를 가지고 남성에게 접근하는 사람은 거의 없다. 여성은 지적인 존재가 아니며 근본적으로 지적인 면이 결여된다고 평가하는 전통─이 전통은 여성에 대한 잘못된 이해에 기인하는데도 불구하고 오랫동안 여성관을 지배해왔다─때문에, '지성'에 대한 논의에서는 '남성'이 중심에 놓인다. 그에 반해 '아름다움'은 '지성'이 아니라 '감성'과 관련된 측면이 많기 때문에, 감각적 미와 감각적 결합 욕구는 이성으로부터 멀리 떨어져 있는 것으로 간주되면서, '미'에 대한 논의에서는 '여성'이 중심에 놓이곤 한다.

그러나 플라톤이 미의 이데아를 논할 때는 이것을 감각적 미와 감각적 결합 욕구에 빠져들지 않고 '정신적 미'로 고양되는 측면에 초점을 맞추면서 '남성의 세계'와 연결시킨다. 그가 미의 이데아에서 남성과의 관계를 그리는 것은 '남성은 지성적 존재'이고 '여성은 감각적(감정적) 존재'라는 전제를 지니고 있기 때문이다.

감각적 미의 한계를 지적하고 '정신적 미'로 이행해야 한다는 자각, 성적 사랑을 극복하고 '정신적 사랑'으로 이행해야 한다는 자각이 이루어질 때, 지성적 존재인 남성 철학자는 '지에 대한 사랑'에 휩싸인다. 정신적 사랑은 지를 충족시키려고 하는 욕구를 함축하므로 지적 차원이 문제가 된다. 지적 측면을 비교하고 지적 요소를 충족시키려고 하는 사람은 무엇보다도 상대방을 '지성적 존재'로 받아들여야 한다. 즉, 상대방도 자신과 동등하게 이성과 권리를 지닌 '인격체'임을 인정해야 한다. 그러므로 '정신적 사랑'은 달리 말하면 '인격적 사랑'이다.

이 세상에 존재하는 대상 중에서 '정신'을 지니는 존재이면서 인격적 존재는 '인간'이다. 그러나 이때 정신성의 척도가 문제가 될 수 있다. 정신성의 척도가 '이성 능력'이라면, 이성 능력을 지닌 자는 유일하게 '인간'뿐이므로 '인간'은 이성 능력이 파생시키는 특수한 능력들―가령 사유 능력, 언어 능력, 창조력 등―의 소유자가 된다.

그러나 만약 '정신성'의 척도가 '영혼의 소유 여부'나 '활동성의 소유 여부'와 같은 차원으로 간주된다면, 정신성을 지닌 대상의 범위는 넓어진다. 가령 아리스토텔레스는 이 세상에 존재하는 모든 것들을 '영혼'의 관점에서 세 부류로 나눈다.

첫 번째 부류는 자신의 생명을 보존하고자 하는 욕구와 종족을 보존하고자 하는 욕구라는 기본적 욕구를 지니며, 이 욕구를 실현하기 위해 활동한다. 이런 원초적 욕구에 따라 존재하는 대상은 '식물과 같은' 자로서 '식물혼'의 부류에 속한다.

두 번째 부류는 식물혼이 지니는 기본 욕구와 활동 이외에도 '감각-지각'을 지닌다. 이것은 감정을 느끼고 표출하는 능력이며, 먹이를 찾아 시·공간을 이동하고자 하는 욕구도 포함한다.[9] 식물혼의 활동성 이외에 공간 이동성도 지니는 존재는 마치 '동물과 같은' 자로서 '동물혼'의 부류에 속한다.

세 번째 부류는 식물혼과 동물혼의 활동성 이외에도 이성 능력을 소유하며 이성 능력이 파생시키는 독특한 활동성을 지닌다. 여기에는 합리적 계산 능력, 언어 사용 능력, 언어를 통해 보편적 개념과 지식체계를 형성하는 능력, 외부로부터 새로운 것 — 태어날 때 자연적으로 주어지는 본능적 측면이 아닌 것 — 을 배우고 학습하는 능력, 무엇인가를 인위적으로 만들어서 문화를 형성하는 능력, 대상과 연관된 이미지를 상상하는 능력, 새로운 것을 발견하고 창조하는 능력 등이 적용된다. 지금까지 빈번하게 언급했던 미를 감각하고 미적 차원을 인지하는 능력이나, 행동에 대한 도덕적 가치 판단을 할 수 있는 능력도 세 번째에 적용된다. 이렇게 식물혼, 동물혼의 활동성과 그 이상의 활동성까지 포함하는 세 번째 부류는 '인간혼'이라 일컬어진다. 이 중에서 정신성에 해당되는 것은 세 번째이므로, 정신성의 핵심은 '인간혼'을 지닌 인간이다.

물론 근대 이래로 과학의 발달을 토대로 하여 인간혼에만 적용되던 능력이 동물에게도 나타난다고 주장하는 사람도 있고, 식물도 동물이나 인간처럼 감정을 느낀다고 주장하는 사람도 있다. 후자에 관해서는 '백스터 효과'를 한 예로 들 수 있다. 1960년대에 미국에서 각 학교를 돌아다니면서 '거짓말 탐지기'의 원리를 설명하던 백스터라는 사람이 있었는데, 거짓말 여부를 확인하기 위해 사람들이 손을 갖다 대는 부분에 어느 날 우연히 나뭇잎을 갖다 놓았다. 그랬더니 거짓말 탐지기가 반응을 보였다. 그걸 신기하게 여긴 백스터가 이 나무 저 나무의 잎을 가져다 놓았더니 계속해서 거짓말 탐지기가 반응을 보였다. 이에 장난기가 발동한 백스터가 '어떤 나무'를 지정하여 마음속으로 '너를 불태워버릴 거야!'라는 생각을 하면서 그 나무의 잎을 탐지기에 갖다 놓았더니, 탐지기가 갑자기 요동치기 시작했다. 이를 보고 놀란 백스터가 다른 나무에도 그것을 적용했더니 유사한 반응이 나타났다. 백스터는 이런 경험을 하면서 '혹시 식물도 감정을 느끼는 능력이 있고, 인간처럼 교감할 수 있는 능력이 있지 않을까?'라는 생각을 하게 된다.

식물도 감정을 나누는 능력이 있어서 그들끼리 — 인간과 다른 형태라 해도 그리고 인간이 감지하지는 못해도 — 서로 감정을 교감하고 있을지 모른다는 생각은 그 뒤 의미 있게 받아들여지면서, 자연에 대한 이해를 새롭게 하고 자연에 대한 태도를 바꾸려는 노력으로 나타나기도 한다. 즉, 자연은 인간이 일방적으로 사용하고 변형하고 마모시켜도 되는 대상―마치 베이컨이 말한 실험과 관찰의 대상―이 아니며, 자연 자체도 인간과 같은 독자적 가치를 지닌다는 것이다. 인간들끼리 대화하고 교호작용을 하듯이, 식물들끼리도 그리고 자연물끼리도 대화하고 교호작용을 하며, 더 나아가 식물과 인간이, 자연과 인간이 대화할 수 있는 가능성을 열어놓아야 한다는 것이다. 자연은 마음대로 분석하고 자르는 실험과 관찰의 대상이 아니라, 그 목소리에 귀 기울이고 이해하려고 노력해야 하는 유기적 대상으로 간주된다.

한편 '동물혼'은 학습 능력이나 이성 능력이 없다는 점에서 '인간혼'과 구분되는데, 오래전에 TV에서 이 주장을 반박할 수 있는 사례를 방송했다. 동물은 먹이를 발견했을 때, 인간처럼 물에 씻거나 불에 굽는 것과 같은 2차 행위를 통해 먹이를 섭취하지 않는다. 발견한 먹이를 곧바로 먹어치우거나 조금 쉬었다가 먹는 경우가 대부분이다. 그런데 동물원에서 조련사가 원숭이에게 먹이를 줄 때, 원숭이가 보는 앞에서 먹이를 계속해서 물에 씻었다. 그러던 어느 날 원숭이에게 고구마를 그냥 주었더니, 원숭이가 흐르는 물에다가 고구마를 씻어서 먹었다. 조련사가 시청자들 몰래 원숭이를 훈련시켰다고 말할 수도 있지만, 원숭이가 본능적으로 하지 않는―자연적으로 가지고 태어나지 않는ㅡ행동을 보여준 것만은 사실이다.

물론 이 사례는 예외적인 것이고 그저 돌발적으로 나타난 특수한 사례이기 때문에, 동물 전체에 적용할 만한 보편적 가능성은 미흡하다. 그러나 이제는 동물에게서도 분명하게 어떤 교감이 일어나고 있고 서로 교호작용을 한다는 점을 전적으로 거부할 수는 없게 되었다. 상황이 이렇게까지 전개되자, 식물과 동물뿐만 아니라 무생물체에게도 교감 가능성을 확장시켜보려는 태도가 나타나기도 한다. 생명이 없는 자연물도 타인을 감지할 수 있는 '타감 작용'을 하며 그 때문에 피곤이 누적되면서 자연물의 변형이 일어날 수 있다. 예를 들면 명화 「모나리자」는 한 편의 그림이라서 다른 것과 교감을 하거나 감정 내지 이성을 발휘하는 것은 아니다. 「모나리자」는 그저 모 박물관에 조용히 걸려 있으며, 관람객들이 그 앞을 지나가면서 감상하는 대상에 지나지 않는다. 그럼에도 불구하고 그 그림이ㅡ마치 인간이 타인을 감지하듯이ㅡ관람객을 계속해서 감지하고 그로 인해 미묘하게 피곤함을 느껴서 영향을 받는다는 것이다. 명산에 휴식기를 주고 관객의 접근을 일정 정도 제한하는 것에도 이런 발상을 적용해볼 수 있다.

타감 작용은 인간에게도 유사하게 나타난다. 어떤 공간에 나 혼자 있다면, 나는 어떤 일이든지 내 마음대로 자유롭게 할 수 있다. 그런데 만약 그 공간에 어떤 사람이 나타난다고 가정해보자. 나타난 사람이 설령 나를 볼 수 없는 장님에다가 귀머거리여서 나의 일거수일투족을 감각할 수 없다고 해도ㅡ그리고 그가 자기에 대해 전혀 신경 쓰지 말고 이전에 하던 대로 자유롭게 행동하라고 양해를 해준다고 해도—나는 왠지 모르게 그를 의식하게 되고 그 때문에 은연중에 피곤함을 느끼게 된다. 내가 타인에 대해 호의적 감정을 지니고 있어도, 타인은 신경 쓰이는 존재이며 때로는 피곤한 존재로 다가온다. 타인이 피곤한 존재로 다가온다는 것은 내가 어떤 면에서 타인을 감지하고 타인과 교호작용을 하고 있다는 것이다.

이렇듯 영혼의 활동성은 식물, 동물에게도 적용된다. 그래서 인간혼의 독자성을 완벽하게 밀고 나가기가 어려우므로, 인간에게만 고유한 다른 측면이 필요하다. 정신적 사랑을 인간에게 고유하게 적용할 수 있는 차원을 찾아보자. 이때 만약 이 세상에 존재하는 것들 중에서 '인격'을 지닌 정신적 존재를 묻는다면, '인간'이라고 대답하는 것에 이견을 달 사람은 별로 없을 것이다. 영혼의 활동성과 달리 '인격적 사랑'은 유일하게 인간에게서만 나타나는 정신성이다. 정신적 사랑에 '인격적 사랑'의 의미가 담겨 있어야 한다면, '성적 사랑'과 대비되는 '정신적 사랑'은 인간 간의 사랑으로 압축된다.

서로 관계하는 양자가 상대방을 인격체로 간주하는 것은 인간관계에서 나타나며 그리고 다양한 관계 양태를 지닌다. 인간은 누구나 다른 인간과 끊임없이 만나고 상호 작용을 하는데, 이때 그 사람들을 자신과 동등한 인격체로 간주하는 것은 기본적인 전제 조건이다. 인간은 인격체와 지적 대화를 하고 지적 감화를 받고 정신적 교감을 하는 가운데, 친밀성의 정도와 차원이 달라진다. 지적 대화와 감화를 야기하는 사랑은 동등한 인격체들이 하는 사랑이다.

성적 사랑이 생겨나고 작동하는 이유가 '결핍감'과 '결핍을 해소하려는 욕구'이듯이, 정신적 사랑은 상대가 지닌 지적 능력과 인품이 나로 하여금 '정신적 결핍'을 느끼게 하며 상대와의 교감을 통해 '지적 결핍을 해소하려는 욕구'로 작용한다. 대화와 교감을 통해 상대에게서 '지적, 정신적 미'를 얻고 상대와 일체감을 이루면서 '인격적 관계'를 형성하려는 열정이 바로 '정신적 사랑'이다. 이렇게 해서 정신적 사랑으로 특화된 에로스가 바로 '필리아(Philia)'이다.

필리아는, 감각적 에로스가 정신적 에로스로 고양된 것이며, 성적인 것과 관계없는 결합 및 유대를 보여주는 '인격적 사랑'이다. 즉, 동등한 권리와 동등한 자유와 동등한 인격을 지닌 '자립적 주체들 간의 사랑'이다. 필리아는 지적-인격적 차원에 대한 사랑과 교감을 중시하며, 넓은 의미에서 '우정'[10]으로 이해된다. 우정은 친구 간의 사랑이므로 인격적 동등성의 측면을 가장 분명하게 드러내며, 지적-정서적 교감이 위계 질서를 형성하지 않을 가능성을 배태하고 있다.

정신적 사랑은 마치 친구관계에서와 같은 사랑이다. 상대방을 나의 친구처럼 간주할 때, 상대를 나와 동등하게, 나와 동등한 인격체로 승인할 수 있으며, 그런 인격체들의 사랑이 나타나는 모든 곳에서 정신적 사랑의 양태가 나타날 수 있다.

정신적 사랑의 양태 : 성적 사랑과 관련하여

인간들 사이에서 형성되는 관계가 다양하기 때문에 정신적 사랑의 양태도 그만큼 다양하다. 부모와 자식, 스승과 제자, 친구와 친구 사이의 관계 같은 모든 관계가 정신적 사랑의 양태가 된다. 그런데 그 양태를 성적 사랑과 결부시켜보면 '남성과 여성의 사랑' '남성과 남성의 사랑' '여성과 여성의 사랑'으로 분류할 수 있다.

여기에서 성적 사랑과 결부된 정신적 사랑의 차원에서 나타나는 결합 욕구에 대한 이해를 돕기 위해 앞에서 플라톤이 제시한 신화를 다시 한번 살펴보자. 그러면 몸이 나뉜 두 사람이 성적 결합으로 함몰되지 않고 정신적 결합을 갈구한다는 것에 좀더 무게를 실어줄 수 있는 가능성이 생긴다. 플라톤은

"두 명의 인간이 원래는 한 몸이었다"라고 하는 신화의 내용을 구체적으로 서술하면서, 원래 한 몸이던 인간 결합체에는 '남성과 여성의 결합체'뿐만 아니라 '동성끼리의 결합체'도 있다는 점을 강조한다. 플라톤에게는 특히 '남성끼리의 결합체'가 있다는 점이 무엇보다도 중요하다. 원래 하나의 결합체였던 '한 쌍의 남녀'가 이제는 서로 분리되어 태어나므로, 각각의 남녀가 원래의 짝을 찾아 다시 하나로 결합하려고 하는 것이 당연하듯이, 원래 하나의 결합체였던 '남남(男男) 결합체'도 태어난 다음에 이와 동일한 욕구를 드러낸다. 남성끼리의 결합체였던 쌍은 태어난 후에 여성을 좋아하지 않고 남성만 좋아하는 증상을 강하게 드러낸다. 그 남성의 애초의 짝이 남성이니, 평생 남성만 사랑하고, 남성만 쫓아가고, 남성과만 성적으로 결합하려는 태도가 나타나는 것은 당연하다. 그러므로 어떤 남성이 여성을 선호하지 않고 남성만 선호하는 동성애 경향을 보이는 것은 전혀 이상할 이유가 없다.

이처럼 동성끼리의 결합체가 있었다는 신화에 반해서, 현실적으로 동성애는 잘못된 것이고 마치 천형이나 되는 것처럼 간주되어왔다. 비록 인간의 육체는 남성이나 여성으로 나뉘지만, 그들이 지닌 내적 성격은 남성적일 수도 있고, 여성적일 수도 있고, 동시에 두 가지 모습을 다 지닐 수도 있다. 인간은 '남성성'과 '여성성'뿐만 아니라 둘 사이의 관계에서 다층적으로 드러나는 '다형적 성격'을 지닐 수 있다. 그럼에도 불구하고 생물학적으로 남성인 사람에게는 남성성만, 생물학적으로 여성인 사람에게는 여성성만 나타난다고 생각해왔기 때문에, 남성성과 여성성이 서로 교차해서 나타나는 것은 비정상적인 것으로 간주되었다.

현대에 이르러 동성애자의 비참한 삶이 사회적으로 집중 조명되면서, 그들의 권리를 인정해야 한다는 주장이 소수자 논쟁에서 상당한 효력을 발휘하고 있다. 현재 서구에서는 소수자의 권리를 보호하고자 하는 이성적 태도에 힘입어 점차 동성애를 인정하는 방향으로 나아가고 있다. 동성애를 심각한 사회 문제로 논의해온 미국에서는 이미 2002년에 동성애 부부를 합법적으로 인정하는 법을 공표하였다.

그러나 남에게 피해를 주지 않는다면 동성애가 지속되는 것을 합리적으로 허용할 수 있다고 말하는 사람들도 막상 동성애자를 만났을 때는 '이성적으로는' 허용하던 것과 달리 '감정적으로는' 왠지 모를 생경함을 무의식적으로 드러낸다. 플라톤 또한 동성으로서 '남남 결합체'를 신화의 예로 들고 있으면서도 성적 결합 욕구를 동반하는 감각적 동성애에 대해서는 비판적 태도를 취한다. '남성끼리의 결합체'를 상정했다면 당연히 동성애도 인정하리라 예상되는데도 불구하고 플라톤은 오히려 그 반대이다. 왜냐하면 플라톤이 강조하는 에로스는—비록 감각적 아름다움에 대한 감탄과 탐닉에서 출발한다고 해도—정신적 차원이며, 지와 진리의 세계로 끌어올리는 자극제 내지 촉진제라는 점에 초점이 맞춰져 있기 때문이다.

플라톤에게 중요하고 의미 있는 에로스는 '동성 내지 이성에 대한 성적 사랑'이 아니라 '지와 진리에 대한 사랑'이고, '정신적 사랑'을 추동하는 원동력이다. 즉, 플라톤의 철학적 에로스는 '정신적 사랑'을 강조하기 위한 것이다. 플라톤이 '남남 결합체'를 상정하는 이유는 '남성 간의 육체적 결합 욕구'와 관계가 있는 동성애를 허용하기 위해서가 아니라, 오히려 성적 결합 욕구를 배제하고 '정신적 결합 욕구'를 부각시킬 근거를 제시하기 위해서이다.

어떤 남성이 자신의 원래의 짝, 즉 남성을 찾는 것은 육체적, 성적 결합을 위해서가 아니라 자신의 지적 결핍과 무지를 해소하기 위해서이다. 정신적 결핍감에 대한 집착은 성적 결합 욕구에 매몰되지 않도록 하는 일종의 방어 기제가 되며, 성적 욕구에 얽매이지 않은 순수한 정신적 사랑을 근본적으로 가능케 하는 힘이다. 남성과 여성의 결합체보다는 남성끼리의 결합체가—플라톤이 보기에는—육체적 결합 욕구로부터 벗어나서 정신적, 지적 결합 욕구에 몰두하도록 할 가능성이 높다. 그래서 남성끼리의 결합체였던 쌍들은 상대방에게서 성적 측면보다는 지와 진리의 탁월성을 발견하기가 쉽다. 그들은 상대방으로부터 지적인 도움을 받고, 상대방의 지적 능력을 자신의 지적 수준을 올리는 잣대로 삼는다. 이렇게 그들은, 상대방이 지닌 지식과 진리를 보면서 자신이 무지하고 지식이 결핍되어 있다고 자각하면서 '지에 대한 열정'을 지니게 되는데, 이 열정은 '지식을 지니는 상대방에 대한 흠모의 감정'을 야기한다.

이 감정이 가장 보편적으로 나타나는 것이 남성들의 우정이다. 우정은 일상생활에서는 형제애, 동기애, 동료애 등으로 구체화된다. 물론 흠모의 감정은 동료 간의 우정보다도 더한 '존경심'이라는 감정을 동반한다. 그렇다고 해서 여기에서 '존경하는 사람'과 '존경받는 사람' 간의 우월에 대한 등급이 매겨지고, 쌍방이 우월감이나 비천함에 시달리는 것은 아니다. 이 감정의 기저에 깔려 있는 것은 '동등한 인격체'로서 서로를 인정하는 것이기 때문이다. 정신적 결합을 강조하기 위해 플라톤이 제시한 '남남 결합체'는 남성 간의 성적 결합과 동성애를 허용하려는 것이 아니라 '정신적 교감'과 '정신적 사랑의 감정'을 부각시키기 위한 것이다. 이러한 정신적 사랑이 바로 '플라톤적 사랑'이다. 그러므로 나이, 지위, 사회적 배경 등과 관계없이 남성 간에 이루어지는 정신적 교감과 그에 따른 관계들은 정신적 사랑의 양태에 해당된다.

그런데 신화에 따르면 '남성끼리의 결합체'뿐만 아니라 '여성끼리의 결합체'도 존재한다. '여여(女女) 결합체'가 있기 때문에, 태어난 후에 여성을 선호하고 여성에 대한 사랑의 감정을 지니는 사람도 있다. 여성끼리의 결합체가 있다면, 여성 간에도 동성애가 형성될 수 있다. 이와 더불어 여성 간에도 남성 간에서 나타나는 우정과 동기애, 동료애가 형성될 수 있다. '남성의 우정'을 '형제애'로 일컫는 데 비해, '여성의 우정'은 '자매애'로 일컫는다는 점에서 차이가 있을 뿐이다.

그러나 플라톤은 '여여 결합체'를 '남남 결합체'와 동등한 위치에 두려고 하지 않는다. '남남 결합체'는 성적 사랑에 함몰되지 않고 정신적 사랑을 할 수 있는 근거 내지 모델로 활용되지만, '여여 결합체'는 기본적으로 '성적 사랑'으로만 함몰되는 근거로 활용된다. 왜냐하면 플라톤은, 여성은 '감정에 동요되기 쉽고' 이성적 사유 능력과 반성 능력을 쉽게 망각하기 때문에 '정욕에 휩싸이기 쉽다'고 가치 절하하는 여성관을 지니고 있기 때문이다. 여성을 이렇게 규정하는 것은 플라톤에게서만 나타나는 것이 아니라 여성을 '불완전한 인간' 또는 '불완전한 남성'으로 간주하는 아리스토텔레스를 비롯하여 철학사 안에서 빈번하게 나타난다. 남성끼리의 결합체를 강조하면서 필리아를 남성에게만 적용하는 플라톤의 착상은 계속해서 영향력을 발휘하게 된다.

그러나 플라톤의 여성관은 서로 상반되는 요소를 지니고 있어서, 여성을 평가 절하하는 다른 철학자들과 변별성을 지니기는 한다. 플라톤은 '가장 정의로운 국가'를 구현하는 것을 그의 철학의 중요한 목표로 삼고 있는데, 정의로운 국가를 형성하기 위해서는 인간의 영혼이 지니는 세 가지 능력과 유비(類比)적으로, 국가도 세 가지 계급(계층)으로 구성되어야 한다고 본다. 인간 영혼은 '이성, 기개, 욕망'의 능력으로 분화되는데, 각각의 능력은 분명하게 구분되면서도 서로 조화를 이루어야 가장 아름다운 영혼의 상태를 이룰 수 있다. 국가 또한 영혼이 이렇게 삼분되는 것에 기초하여 삼분된다. 누구나 이성, 기개, 욕망을 지니고 있지만, 그 중에서 특히 이성이 발달한 계급인 통치자가 있고, 특히 기개가 발달한 계급인 군인이 있고, 특히 욕망이 발달한 계급인 농민 등이 있다. 이러한 각 계급에게는 유독 발달한 덕이 있는데, 통치자 계급은 '지혜'가, 군인 계급은 '용기'가, 농민 계급은 '절제'가 본질적 덕으로 발달해 있다. 이 세 계급이 서로 다투지 않고 조화를 이루어야 하는데, 이것을 위해 플라톤은 통치자 계급 중에서 한 명의 대표를 뽑아 '철인왕'으로 세운다. '철인왕'은 삼분된 계급들이 서로 자기의 본분을 지키면서 국가의 '정의'를 실현할 수 있도록 조율한다.

이때 국가의 세 계급은 남성에게만 적용되는 것이 아니라 여성에게도 적용된다. 인간 누구나 영혼이 삼분되어 있으므로, '남성의 영혼 삼분설'이 국가 안에서 '남성 계급의 삼분설'로 나타나듯이, '여성의 영혼 삼분설'도 국가 안에서 '여성 계급의 삼분설'로 얼마든지 나타날 수 있다. 그러므로 플라톤은, 여성이 농민도, 군인도, 통치자도, 심지어 철인왕도 될 수 있는 가능성에 대해서는 인정한다. 이런 부분은 남녀 평등에 기초하여 여성의 이성적, 지적 능력을 정당하게 인정하는 것이다.[11]

그러나 플라톤은 여성을 남성과 동등한 능력을 지닌 자로 설정해놓고서도, 어느 지점에서 여성은 근본적으로 남성보다 '약하며', 더 나아가 '감정에 동요되기 쉽고 정욕에 휩싸이기 쉽다'는 점을 부각시킨다. 애써서 남녀 평등적 발언을 하면서 여성의 이성적-지적 능력을 복권시켜 놓고도, 암암리에 여성에 대한 편견을 드러내는 것이다. 여성의 지적 능력을 인정하지 않으려는 태도는 '여여 결합체'를 적극적으로 논하지 않는 데서 분명하게 나타난다. '여여 결합체'도 '남남 결합체'와 동일하게 동성애적 요소와 정신적 결합 요소를 지닐 수 있다. 그러나 플라톤은 여성에게는 '성적 사랑'에 탐닉하는 동성애만을 적용한다. 여성들은 감정과 정욕에 동요되기 쉽기 때문에, 여성끼리의 만남은 정신적 대화와 정신적 사랑을 하는 남성끼리의 만남처럼 발전하기가 어렵다는 것이다. 플라톤은 여성에게는 성적 사랑에 해당하는 동성애를, 남성에게는 '정신적 사랑'을 야기하는 인격적 사랑과 우정을 적용하는 어리석음을 범하고 있다.

남녀 간의 사랑은 기본적으로 성적 사랑에 기초하며 그래서 감각적 에로스는 중요하다. 그러나 성적 사랑에는 정신적 사랑이 동시에 작용해야 하며, 양자가 분리되지 않아야 한다. 정신적 사랑의 가능성은 누구에게나 있으며 남녀 간의 사랑에도 필리아적 요소가 작용하고 있다. 남녀관계든, 동성관계든, 남남관계든, 여여관계든 관계없이, 우리가 진실로 원하는 것은 동등한 인격체들의 주체적 사랑이다. 남남관계든 여여관계든 관계없이 인간관계는 지적 대화와 교감이 가능한 정신적 사랑으로 전환되어야 하며, 여기에서 감각적 에로스와 정신적 필리아는 서로 긴밀하게 연결되어 있는 '에로스의 두 얼굴'이다.

사랑의 논리적 전제 : 차이와 동등성

사랑의 원동력은 자신의 육체적, 정신적 결핍에 대한 자각이다. 왜냐하면 결핍을 자각할 때, 사람들은 자연스럽게 결핍을 보완해줄 대상을 찾게 되기 때문이다. 상대적으로 나의 결핍을 상쇄할 만한 풍족함과 장점을 지닌 대상과 결합하여 하나가 되고자 하는 열정이 에로스이므로, 에로스에는 기본적으로 나와 타인 간의 '차이'가 전제된다. 결핍과 풍족, 단점과 장점 등은 양자를 비교하는 가운데서 나타나는 '차이'를 구체적으로 규정하는 개념들이다. 그러므로 결핍에 대한 자각은 나와 상대방 간의 차이라고 하는 논리적 개념에 대한 자각이다. 그리고 나에게 결핍된 것을 욕구하는 것은 나와 '차이가 있는 요소'와 '차이를 지니는 사람'을 욕구하는 것이다.

이때 '욕구한다'는 것은 성적이든 정신적이든 결핍을 보완하고자 욕구하는 것이고, 결핍 보완은 타인과 하나가 되고자 하는 욕구이다. 타인과 결합하여 하나가 되는 것은 타인과 '통일'되고자 하는 것이다. 차이를 지니는 사람과 하나가 되고자 하는 에로스는 '차이'를 해소하려는 통일에 대한 에로스, 즉 '통일 욕구'이다. 에로스는 '차이'와 동시에 '차이를 해소하고자 하는 통일 욕구'를 발휘한다. 이러한 통일 욕구가 바로 사랑이다.

통일 욕구로서 사랑은 결핍과 차이를 담고 있으므로, 사랑의 원동력은 무엇보다도 '차이'이다. 그래서 남녀 간의 사랑에서 차이가 부각될 수밖에 없다. 그러나 간혹 차이를 절대화하여 양자의 '차이가 절대적으로 극복될 수 없다'거나, 아니면 차이 때문에 '한쪽이 다른 쪽보다 우월하거나 열등하다'라는 식의 가치 평가를 내리는 경우가 발생한다. 이것은 자연스런 '차이'를 '차별'로 전락시키는 것이다. 에로스가 남녀 간의 차이, 육체적 차이, 정신적 차이, 지적 능력의 차이 때문에 발동한다고 해도, 그리고 그것이 설령 결핍이라는 부정적 이유에서 발휘된다고 해도, 차이를 '차별' 내지 '차별의 근거'로 몰아가는 것은 결과적으로 인간들 간의 '위계질서' 내지 '계급적 구분'을 낳는다.

에로스가 작동하기 위해 차이가 있어야 한다면, 나에게 결여된 것을 타인이 지니고 있는 데 반해, 타인 또한 내가 지니고 있는 것을 결여하고 있을 터이니, 어차피 결핍 상태이기는 마찬가지이다. 나와 타인이 서로의 결핍 속에서 타인을 욕구한다면, '나와 타인의 가치', 나와 타인 간에 노정되는 '특수한 규정의 가치', 나와 타인 간에 '차이가 나는 요소의 가치'는 서로 동등한 것으로 인정되어야 한다.

그러므로 에로스의 궁극 목적은 결핍과 차이에 집착하기보다는 서로의 결핍을 보완하면서 차이를 극복하는 것인데, 여기에는 차이가 있는 양자의 '동등성'이 동시에 상정되어야 한다. 설령 차이가 전면에 부각된다고 해도 양자의 동등성이 동시에 관철되어야만, 차이를 해소하려는 욕구가 서로를 '동등한 보편적 통일체'로 고양시키는 힘이 된다. 보편적 통일체를 실현하면서 서로를 동등한 존재로 인정하는 것은, 한쪽이 다른 한쪽에 의해 '포섭'되거나 일방적으로 '흡수'되는 관계를 배제한다. 한쪽이 다른 쪽으로 포섭되고 흡수되는 관계는 흔히들 종속관계나 상하관계로 전락하고, 서로의 동등성을 침해하는 단계로 나아가게 된다.

'정신적 사랑'이 제대로 실현된다면 각기 다른 개인들을 서로 다르다는 이유에서 차별적으로 가치를 평가하는 태도가 사라질 수 있다. 이와 달리 '차별적으로 가치를 평가하는 태도'는 위계적, 계급적 구분을 낳으면서 궁극적으로 종속관계나 상하관계를 극단적으로 심화시키며, 여기에는 '억압'과 '폭력'이 자연스럽게 동반된다. 억압과 폭력은 사랑하는 주체들을 가장 고귀하게 만드는 측면, 즉 인격성을 침해하는 데로 나아간다. 폭력은 어떤 형태이든지 간에 상대방의 인격성에 침해를 가하는 것이다. 인격적인 인간은 자립적이고 자존적이며 자기 목적적인 삶을 살아가는 존재인데, 폭력은 인간의 이러한 측면을 파괴한다. 이와 달리 인간 각각의 독자적 가치를 인정하면서도 그 가치의 동등성을 보유하는 사랑은 '정신적 사랑'이며, 특히 '인격적 사랑'으로서 정신적 사랑이다.

상대방을 '동등한 존엄성'을 지닌 자로 인정하는 '인격적 사랑'은 기본적으로 타인을 '이성적 능력'을 지닌 자로 인정한다. 이성적 능력은 모든 사태를 사유에 의해 파악하고 반성적으로 접근할 뿐만 아니라, 다양한 감정 내지 상상력까지도 관장한다. 이성은 또한 행위 및 실천과도 연관이 있다. 이성은 선악 내지 가치를 정의할 뿐만 아니라, 선악과 가치가 개입되어 있는 인간 행위를 도덕적으로 판단하고 교정하는 차원과도 관련이 있기 때문에, 도덕성을 실현하고 인간 본성을 극대화하는 실천이성이기도 하다. 도덕성과 인간성을 실현하는 가운데 인간의 가치는 최대로 고양되며 '인간의 고귀함'이 현실화된다.

인간을 고귀하게 만들려면, 즉 인간의 고귀성을 드러내려면, 인격성과 이성성이 작동해야 한다. 인간관계에서 이것들을 관철시키는 것은, 서로 차이가 있는 나와 타인이 동등한 인격적 존재로 마주 서는 것이다. 인격적 존재로 마주 서고 인격적 존재성을 실현하는 것은 달리 말하면 필리아의 형태를 취하는 것이다. 앞에서 이미 정신적 사랑이 상정했던 우정의 형태, 즉 일종의 '친구' 같은 관계로 마주 서는 것이다.

'친구 간의 관계' 내지 '친구 간의 사랑'으로서 '우정'은 차이 속에서도 서로의 '동등성'을 인정하고 실현할 수 있는 가장 모범적인 예이다. 그러므로 자신이 누구와 만나든 항상 친구관계에서와 같은 동등성을 인정하고 친구관계에서와 같은 양태를 만들려고 할 때, 정신적 사랑은 다양하게 실현될 수 있다.

반면 쌍방이 서로를 동등한 인간, 동등한 인격체, 동등한 정신적 존재로 인정하지 않을 때에는 '왜곡된 관계'가 형성된다. 왜곡된 관계는 상대방에 대한 억압과 폭력을, 나아가 지배 행위를, 궁극적으로는 지속적인 지배-예속관계를 야기하기 때문에, 모든 관계에서 친구와 같은 관계가 상기되어야 한다. 그러므로 선생님이 학생을 인격적으로 모독하는 발언을 서슴지 않거나, 학생이 선생님을 선생님으로 인정하지 않거나, 고용주가 피고용주를 마치 하인이나 되는 것처럼 부리면서 바보 취급을 하거나, 장사꾼이 손님의 행색에 따라 가격을 달리 말하거나, 손님이 장사하는 사람들을 비천하게 생각하면서 성질을 부리는 모든 형태에는 '폭력적 관계'와 '일방적 관계'가 개입될 수 있고, 이미 개입되어 있다. 양자 간에는 우열의식뿐만 아니라, 자신도 모르게 상대방과 다른 위계가 설정될 수 있다.

상대방과 나와의 동등성을, 상대방의 인격성을 제대로 인정하지 않는 왜곡된 관계가 일상생활에서 가장 쉽게 형성되는 경우는 '사랑하는 사이'에서이다. '왜곡된 사랑의 형태'는 특히 '남성과 여성의 관계'에서 빈번하게 나타나며 동등성과 인격성을 무시하는 상황이 현실감 있게 드러난다. 가령 "나는 그 여자를 사랑하고 그 여자도 나를 사랑하니, 나는 그 여자를 마음대로 해도 돼!"라든지, "사랑하는 사이이니, 내가 성관계를 원하면 언제든지 응해야지. 그렇게 하려고 결혼한 것 아니야?"라는 말은 여성의 독자성과 자유로운 결정권을 무시하는 것이다. 독자성과 결정권의 무시는 여성이 남성과, 아내가 남편과 동등한 존재이며, 동등한 인격체임을 무시하는 것과 다르지 않다. 상대방도 자신과 동일하게 승인과 거부를 할 수 있는 선택권을 그리고 인격적 존엄성을 지니고 있다는 것을 망각하는 행위들이 그 어느 관계에서보다도 남녀관계에서 특히 심하게 나타난다.

부부관계, 애인관계, 남매관계 등의 관계를 맺는 남성은 현대 사회에서도 자기의 선택과 결정을 여성이 전적으로 따라야 한다고 생각하곤 한다. 그리고 여성이 남성을 따르는 것이 자연스럽고 보기 좋다고 암암리에 전제하고 있다. 그래서인지 친인척이나 혈연관계가 아닌 경우인데도, 어떤 집단에서든지 중요한 결정은 남성이 내리고, 여성은 그 결정에 보조를 맞추어 따르기만 하면 된다고 생각하는 경우도 많다. 여성이 회의에 참여할 권리와 의무가 있기 때문에 설령 합의를 도출하는 자리에서 자신의 목소리를 낸다고 해도, 회의 이후에 이루어지는 술자리 같은 사적인 모임에서 남성들끼리 그 문제를 다시 논의하고 합의 사항을 번복하는 것도 남성 중심적 사고방식에 기인한다.

남성이 결정권과 선택권을 독점하는 것은 현실적으로 '남성과 여성의 관계'를 일방적이고 왜곡된 관계로 악화시키게 되는데, 이것이 특히 사랑하는 연인 내지 부부 사이에 적용되면 다른 어떤 관계보다도 더 위험한 폭력이 개입될 수 있다. 일반적으로 "남편의 말을 왜 안 듣는거야" "여자가 치고 올라오는 것은 못 참아!" "어디서 남편에게 대들어" 등의 말 속에는 남성의 주장에 여성이 수동적으로 따라야 한다는 전제가 담겨 있다. 그래서 이런 전제를 일탈하는 여성은 비정상적이며, 이로 인해 비정상적 여성을 교정하기 위한 말과 행위들이 등장하기도 한다. "북어와 아내는 삼 일에 한 번씩 때려야 해"라든지, "내 마누라가 잘못해서 때리는데 당신이 남의 일에 무슨 참견이야?"라는 식의 말들 속에는 남성과 여성이 동등한 인간, 동등한 인격적 존재라는 점이 간과되고 있다. 그것은 곧 상대방의 인격과 권리를 무시하는 것이며, 차이를 존중하지 않으면서 폭력을 행사하는 것과 다르지 않다.

동등성을 '무시'하는 사랑 : 가정폭력과 성폭력

상대방의 독자적 인격성과 자발적 선택권을 무시하는 사람은 여성이든 남성이든 관계없이 상대방에게 언어적, 육체적 폭력을 행사하게 된다. 어떤 형태의 폭력이든지 간에 폭력은 상대방을 마음대로 휘두를 수 있다는, 또 상대방을 마음대로 휘둘러야 한다는 '지배욕'에 기초한다. 지배욕은 나와 마주 서는 대상이 무엇인지와 관계없이 일관되게 나타날 수 있지만, 자기보다 약한 자에게 좀더 분명하게 드러나게 된다. 사랑하는 관계에 있으면서도 동시에 약한 자에 속하는 한 예가 어린아이이다. 부모 자식 관계에서는 사랑의 매, 교육적 매라는 이름 아래 폭력적 행동이 쉽게 나타난다.

그런데 어린아이가 아닌데도 불구하고 사랑과 약함 때문에 더 쉽게 구타당하고 지배당하는 또 다른 대표적 인간이 앞에서 논했던 '여성'이다. 여성에게 자연스럽게 폭력을 가하게 되는 이유는 일차적으로 남성들이 여성을 자신의 '소유물'로 생각하기 때문이다. 그는 자신의 소유물을 마음대로 휘둘러도 되며, 만약 이러한 휘두름에 저항하는 여성이 있다면 폭력을 가해서라도 지배해야 된다고 생각한다. 여성을 그저 자신의 손아귀에, 자신의 주머니에 들어 있는 물건처럼 간주하기 때문에 여성의 권리, 인격, 존엄성을 아무렇지도 않게 무시하게 되는 것이다. 이로 인해 여성의 자유로운 행동과 자유로운 의지는 제한되고, 사소한 일상까지도 간섭받고 통제당한다. "왜 다른 남자를 쳐다보지?" "집이나 잘 지키고 있을 것이지, 어디를 싸돌아다니는 거야. 혹시 바람피우는 것 아냐?"라는 말들 속에서 사랑을 독점하고 지배하려는 욕구가 구체적으로 드러난다.

지배욕은 타인의 정신성, 인격성 그리고 정당한 권리를 무시하고 억누르는 행위를 동반한다. 상대방을 지배욕에 의해서 무시하는 측면을 좀더 적극적으로 적용해보면 부부간에도 일종의 강간이 일어날 수 있다. 자발적 합의와 계약에 의해 결혼하고 한 가족을 꾸렸기 때문에 부부관계에서 자유로운 선택권과 자발성은 계속해서 유지되어야 한다. 아무리 부부관계라고 해도, 아무리 성행위를 합법적으로 빈번하게 할 수 있는 관계라고 해도, 성관계를 거부하는 부인에게 "사랑하는 사이이니 내가 원하면 언제든지 응해야지. 그렇게 하려고 결혼한 것 아니야?"라고 하면서 억지로 성행위를 한다면 강간으로 전개될 수 있다. 특히 성질 나쁜 남성 중에는 부인과 사소한 일로 다투고 그리고 심지어 부인을 구타하기까지 했는데도 불구하고 성관계를 요구하는 경우가 있다. 더 심한 경우에는 부인을 구타한 다음에 술을 먹고서 억지로 관계를 강요하는 남성도 있다. 구타당한 아내가 몸이 얼마나 아프고, 마음이 얼마나 괴로운지에 대해 헤아려보지 않고서 일방적으로 성행위를 강요하는 것은 부인을 자기 마음대로 좌지우지할 수 있는 – 달리 말하면 지배할 수 있는 – 권한이 있다고 생각하는 것이고, 부인이 이에 응하지 않을 때는 지배력을 이용하여 굴복시켜도 된다고 생각하기 때문이다.

폭력은 사랑하는 양자의 관계를 '동등한 인격체'로 보지 않는 데서 오는 왜곡된 사랑의 귀결이다. '차이'가 있는 어른과 아이, '차이'가 있는 남성과 여성이 '동등한 인격과 선택권'을 지닌다는 점을 무시하기 때문에, 상대방을 소유물로 오인하면서 지배와 폭력이 양산되는 것이다. 그러므로 소유욕과 지배욕을 배제하고 폭력이 유발되지 않도록, 인간의 권리와 가치에 대한 시선 전환이 필요하다.

이러한 시선 전환은 '성적 사랑'을 하는 사람들의 가장 기본적인 '성행위'에서부터 관철되어야 한다. 남성의 일방적 지배, 여성에 대한 남성의 폭력적 태도를 없애고, 남성과 여성이 차이와 동등성을 동일하게 실현할 수 있으려면 '성적 사랑'의 차원에서부터 그것이 관철되어야 한다.

사라 러딕은 논문 「성도덕문제」[12]에서 성적 사랑의 에로스가 폭발한다고 해도, 성관계를 맺을 때 아무렇게나 해서는 안 된다고 주장한다. 양자가 잠정적으로든 명시적으로든 성관계를 맺기로 약속을 했어도, 거기에는 '바람직한가' 아니면 '바람직하지 못한가'를 가르는 도덕적 기준이 관철되어야 한다. 도덕적 가치 판단은 '살인하지 말라' '도둑질하지 말라' '착하게 살아라'와 같은 측면에만 적용되는 것이 아니라, 성행위를 하는 과정에도 적용된다.

성행위가 바람직하기 위해서는 먼저 '정신의 육체화'가 일어나야 한다. 자신이 어떤 사람을 사랑하게 된 이유가, 그 사람이 지닌 착한 마음씨와 지적 능력이라고 해도, 그 사람에 대한 사랑의 감정을 표현할 때는 정신적 감정이 육체로 전환되어야 한다. 즉, 성적 사랑의 에로스가 발휘되어야 한다. 이때 정신의 육체화가 '잘' 일어나려면 양자의 '자발적 동의'가 필수적이다. 상대방에 대한 사랑의 감정, 정신적 요소가 충만하여 그 감정이 몸으로 표현될 때, 그것을 잘 표현할 수 있으려면 마음이 '자발적으로' 움직여야 한다. 정신의 육체화, 사랑의 감정의 육체화를 위해서는 '자발성'이 중요하다. 서로의 자발성을 중시하는 것은 자유로운 선택권, 결정권, 인격권을 인정하는 것이다.

자발성이 자연스럽게 발휘되는 경우에는 그렇지 않은 경우에서보다도 '더 큰 쾌락'이 산출된다. 그래서 사라 러딕은 바람직한 성행위의 또 다른 기준을 '보다 더 큰 쾌락의 산출'로 삼고 있다. 사랑의 감정이 요동치고 그것을 표현하고 싶은 욕구가 활성화되면 그렇지 않은 상태보다도 쾌락이 산출될 가능성이 높기 때문에, 더 큰 쾌락의 산출 여부가 바람직한 성행위의 중요한 기준이 된다.

이것 이외에도 바람직한 성행위의 또 다른 기준은 '2세 생산'이다. 성행위를 해야만 아이를 수태할 수 있기 때문에, 성행위와 2세 생산은 직접적으로 연결되어 있다. 그리고 2세 생산은 어느 시기에나 중요한 것으로 간주되기 때문에, 2세 생산을 위한 성행위도 중요한 의식으로 받아들여져 왔다. 이런 태도 때문에 임신한 여성, 아이를 낳은 여성은 2세를 생산하고 양육한다는 점에서 가치로운 존재로 여겨진다. 그래서 여성의 인격성을 제대로 인정하지 않고 여성적 가치를 평가 절하하던 시절에도 '어머니'는 언제나 존중의 대상이었다. 종족 보존을 위한 어머니의 성행위는 신성한 자연적 행위로 받아들여졌으며, '어머니로서 여성'은 사회적으로 존중받아 왔다.

사라 러딕이 제시한 '바람직한 성행위의 기준들'은 기본적으로 설득력이 있다. 그러나 이와 동시에 그 기준을 절대화하면 또다시 문제가 야기된다는 점을 놓쳐서는 안 된다. 왜냐하면 세 가지 기준 중에서 한 가지라도 벗어나면 결국 바람직하지 못한 것으로 평가될 수 있으며 – '바람직하다'는 것은 '도덕적이다'를 의미하는 것이라서 – 만약 이 기준에 위배되는 성행위가 있다면 결국 '도덕적이지 못한 것'으로 평가되기 때문이다.

고대인과 중세인은 성행위를 하는 전적인 목적을 '2세 생산'으로 간주했기 때문에, 성행위 시 '쾌락을 느낀다'거나, '쾌락을 위해' 성행위를 하는 것은 자연의 질서에 어긋나는 것으로 보았다. 그러므로 좀더 큰 쾌락이 산출되어야 한다는 기준은 고대인과 중세인의 척도로 가늠해보면 도저히 받아들일 수 없을 뿐만 아니라, 바람직하기는커녕 오히려 '비도덕적인 것'으로 치부된다. 물론 근대에 이르러 인간의 몸에 대한 과학적 이해가 증가하면서 좀더 큰 쾌락을 추구하는 것이 자연의 질서에 위배되지 않는다는 점을 점차 인정하게 되었지만, 오늘날 성행위를 자발적으로 하는 부부 중에는 더 큰 쾌락이 산출되지 않는데도 불구하고 지속적으로 성행위를 반복하는 경우가 많다는 점을 기억해야 한다.

그리고 '2세 생산'이라는 기준 또한 사라 러딕의 의도와 달리 많은 사람들을 '비도덕 상태'로 몰아넣는다. 오늘날에는 2세를 생산할 의사가 전혀 없음에도 불구하고 끊임없이 성관계를 맺을 뿐만 아니라, 심지어 성행위를 할 때 피임을 하거나 영구적 피임 방법을 활용하기도 한다. 이제 성행위는 2세 생산보다는 성적 욕구를 해소하고 쾌락을 만끽하는 차원에서 중요하게 다뤄지곤 한다.

만약 2세 생산에 치중한다면, 태어날 때부터 불임인 부부들은 성행위를 할 때마다 바람직하지 못하다는 도덕적 죄책감에 시달려야 하는가? 가톨릭에서는 아직도 2세 생산을 위한 성행위에 큰 가치를 두고 있으며 부부가 낙태를 하는 것뿐만 아니라 피임을 하는 것조차도 불경스럽게 생각한다. 동성애의 경우 또한 아무리 노력해도 2세를 생산할 수 없기 때문에, 동성애자의 성행위는 바람직한 성행위로부터 일탈해 있다. 사라 러딕의 기준을 그대로 받아들이면 동성애자는 설 땅을 잃게 된다.

따라서 사라 러딕의 바람직한 성행위 기준은 조심스럽게 다뤄져야 한다. 그러나 '정신의 육체화'를 주장할 때 나타나는 '자발성' 그리고 요구되는 '선택권'과 '인격권'에 대한 인정은 성도덕의 중요한 측면을 시사하고 있다. 비록 성적 에로스가 폭발한다고 해도 지배욕과 폭력이 난무하지 않는 남녀관계를 형성할 수 있으려면, 성적 사랑에서도 동등성과 차이가 그리고 서로의 자유와 권리가 견지되어야 한다. 즉, 양자의 동등성이 무시되어서는 안 되는데, 이것은 양자의 자발성을 보존하는 가운데 실현된다.

나와 타인은 성적 욕구를 지닌다는 점도 동등하고, 권리와 자유를 지니는 독자적 인격체라는 점도 동등하다. 결핍 때문에 서로를 필요로 한다는 점도 동등하다. 그래서 서로의 차이가 부각된다고 해도, 그 차이는 동등한 가치를 지니고 있다. 차이는 결국에는 해소되고 보완되는 통일을 향하므로, 양자의 '동등성'을 전제하면서 그 전제를 현실화시키려는 노력이 필요하다. 친구들 간에 이루어지는 대등한 인정처럼 남자와 여자 간에도, 남편과 아내 간에도 대등한 인정이 이루어져야 한다.

동등성을 '망각'하는 사랑 : 희생적 사랑이라는 이데올로기

양자 간의 동등성을 인정하는 문제에 집중하다보면 양자가 지닌 차이가 간과될 수 있다. 그러나 양자는 어떤 경우이든지 간에 차이가 있다. 그리고 감각적으로든 아니면 이성적으로든 차이를 부각시키면서, 동시에 그 차이를 극복하고 양자를 결합시키는 힘은 '사랑'이다.

사랑은 차이가 있는 그리고 분리되어 있는 사람들을 하나의 공동체로 묶는 통일 감정이라서 대립이나 분열을 싫어한다. 결핍을 보완하는 맥락에서 본다면, 사랑은 인간들 간에 드러나는 열등성과 불완전성을 해소하여 완전성을 형성하는 힘이다. 그러므로 일체의 분열과 대립은 경원시되며, 개인적 이해관계를 부각시켜서 구별을 첨예하게 만드는 것은 통일로부터 일탈하는 이기적인 것이다. 헤겔도 초기 저작에서 사랑은 기본적으로 모든 대립을 배제하며[13], 차이가 있는 분열태는 하나로 통일되어야 한다고 주장한다.

그러나 대립이 배제되는 일체감과 통일이라면 차이와 구별의 가치를 희석시킬 위험이 있다. 게다가 이것은 동등성의 참된 의미 또한 사라지게 만든다. 왜냐하면 차이를 '결핍'으로 간주하는 입장에서는 '불완전성'이 부각되어 보이기는 하지만, 그와 반대로 '차이'가 있음으로 해서 상대방과 구분되는 자신의 '장점' – 상대방에게 결핍되어 있는데 자신에게는 충분하게 갖춰져 있는 측면인 장점 – 도 부각시킬 수 있기 때문이다. 차이 안에는 양자가 서로 다르고 차이를 지닌다는 데서 오는 특수성이 담겨 있고, 특수성을 독자적으로 지니는 인간 각자의 개별성이 담겨 있다. 특수성과 개별성은 차이를 지니는 양자를 구별지으면서도 동시에 서로를 끌어당기는 원동력이다.

특수성과 개별성을 지니는 차이는, 서로가 동등한 가치와 동등한 존재 의미를 지녔다는 점을 밝혀주는 계기가 된다. 그러므로 만약 어떤 사람이 차이와 구별을 희석시키려 한다면, 즉 특수성과 개별성을 지워버리려고 한다면, 그것은 동시에 양자의 동등성과 동등한 인정 가능성도 지워버리는 부정적 결과를 낳게 된다.

물론 때로는 자발적으로 자신의 권리와 자유와 독자성을 포기하고 상대방을 위해 '헌신'하는 경우도 있다. 정신적 교감과 동료애를 발휘하는 사람들은 타인을 위해 자신의 욕구를 포기하기도 한다. 이때 타인은 가까운 가족에서부터 초월적 절대자에 이르기까지 그 대상이 광범위하다. 타인과 절대자를 위해 자신을 희생하고 헌신하는 열정은 '희생적 사랑' '헌신적 사랑(sacrificial love)'이라는 '아가페(Agape)'로 개념화된다.

아가페는 그리스도교 이전에는 명사로 구체화되어 사용되지 않았다.[14] 동사 형태로 사용되던 것을 성경에서 명사 형태로 분명하게 정착시켜 사용했기 때문에, '아가페'는 기독교의 정신을 대표적으로 드러내는 개념이다.

유대인들이 로마제국에 의해 지배당하면서 그들을 해방시킬 메시아를 기다리고 있을 때 홀연히 나타난 사람이 '예수'이다. 예수는 산상수훈을 통해 자신의 가르침을 전하고, 사람들이 모인 곳이라면 어느 곳에서나 '메시아'로서 기독교 정신을 전파했다. 이때 예수의 가르침과 정신의 핵심은 '사랑'이다.

예수가 설파하는 기독교의 사랑은 기본적으로 '하나님의 사랑', 즉 '인간에 대한 하나님의 사랑'이다. 예수는 인간들에게 '인간에 대한 하나님의 사랑'을 파악하고, 이를 통해 자신의 죄를 회개하면서 신의 말씀을 따르는 '신의 왕국의 시민'이 되라고 외친다. 그런데 '하나님의 사랑'에는 그저 인간을 사랑한다는 차원이 아니라 인간을 구원하기 위해 '신 자신'이 '희생'하고 '헌신'한다는 차원까지도 담겨 있다. 그러므로 '아가페'는 '이전의 사랑'을 '종교적 사랑'과 구분하기 위해 기독교에서 발전시킨 개념이다. 아가페는 '종교적 헌신과 희생'이 담겨 있는 '신의 사랑'이며 신약의 핵심 단어이다.

신이 인간에게 행하는 헌신적 사랑이 아가페라면 도대체 어디에 '신의 헌신과 신의 희생 행위'가 놓여 있는가? 그것은, 신이 자신과 삼위일체적 지위를 지니는 '예수'를 타락한 인간에게 보내어, 인간을 구원하기 위해 '십자가에 못 박히는 고통을 감내하도록 하는' 데에 놓여 있다. 예수의 희생은 바로 인간을 구원하기 위한 '신의 희생'이다. 그러므로 아가페는 '신의 사랑'이면서 동시에 신의 '희생적 사랑' '헌신적 사랑'이다.

아가페의 의미는 '인간에 대한 신의 사랑과 신의 희생'이며, 결과적으로 인간을 구원하는 의미로까지 나아간다. 구원의 궁극적 결과는, 인간들이 신을 알고, 신의 희생을 알며, 신의 목소리를 들으면서 신의 말씀을 따르는 것이다. 여기에는 '신의 왕국의 시민'이 되기 위한 장치로서 '신에게 경배'하고 '신의 존재를 믿는 행위'가 요구된다. 달리 말하면 '신에 대한 인간의 사랑과 인간의 희생'이 필요하다. 그래서 '인간에 대한 신의 사랑과 헌신'뿐만 아니라 '신에 대한 인간의 사랑과 헌신'도 '헌신적 사랑'의 의미로 확장된다.

이때 여기에서 놓쳐서는 안 되는 것은 '인간이 신을 사랑하는 것'은 동시에 '인간이 인간을 사랑하는 것'과 동일한 의미를 갖고 있다는 점이다. 예수에게 있어 '하나님 사랑'과 '인간 사랑'은 동일한 구속력을 지닌다.[15] 하나님을 사랑하는 것은 '모든 사람을 그가 당신이라도 되는 듯이 사랑하는 것'이다. 예수는 '신의 사랑'을 주장하면서 끊임없이 '인간에 대한 사랑'을 강조한다.

'인간에 대한 사랑'은 '이웃에 대한 사랑'이고, 좀더 강도 있게 말하면 이웃을 '자신의 형제라도 되는 듯이' 사랑하는 것이다. 그러므로 아가페는 '인간에 대한 인간의 희생적 사랑'이며, 일상 생활에서 마치 '형제애'와 같은 사랑의 감정을 실현하는 것이다. 인간은 다른 어느 누구보다도 자신의 부모 형제를 위해서 희생 정신을 발휘할 가능성이 높기 때문에, 형제애는 헌신적 사랑과 관련하여 함축적 의미를 담고 있다.

'헌신'과 '희생'에 대한 요구 때문에, 형제애로 귀착하는 사 랑은 '이웃에 대한 희생'과 '봉사'를 담고 있어야 한다. 즉, 아 가페는 이웃에 대한 봉사를 견지하는 사랑이다. 그래서 예수 가 강조하는 중요한 또 하나의 측면이 '이웃의 빈곤함'에 대 한 배려이다. 부자가 예수에게 와서 어떻게 하면 행복해질 수 있느냐고 물었을 때, 예수는 기독교의 도덕적 명령을 잘 실천 해야 하지만, 최종적으로는 자신의 재산을 가난한 사람들에게 나눠주는 데에 놓여 있다고 말한다. 자신의 소유욕을 버리고 가난하고 고통받는 이웃을 위해 '희생'하는 것은 이웃을 마치 내 형제처럼 간주하면서 선행을 베풀고 '봉사'를 하는 데서 빛을 발하게 된다. 그러므로 '교회 신앙'과 '타자에 대한 선행' 은 일치한다. 이웃을 하나님처럼 생각하고, 이웃을 내 형제처 럼 생각하며, 이방인조차도 내 '친구'처럼 생각하는 것이 희생 적 사랑과 헌신적 사랑의 핵심이다.

앞에서 인간관계가 '친구관계'와 같을 경우에 양자의 동등 성을, 동등한 권리와 인격성을, 동등한 가치를 가장 잘 실현할 수 있다는 점을 살펴보았다. 필리아의 내용을 상기하면 형제애를 강조하는 예수의 말씀은 '정신적 사랑'과 긴밀하게 연관된다. 그러므로 정신적 사랑과 관련하여 '희생적 사랑'이라는 아가페의 위치를 재조명해볼 수 있다. 위계가 형성되지 않는 사랑의 형태가 '친구관계에서 나타나는 우정'으로서 '필리아'이고, 종교에서 기원하는 '아가페'가 '헌신적 사랑과 희생적 사랑'을 실현하기 위해 이웃을 '친구'처럼 그리고 '형제'처럼 생각할 것을 요구하므로, 헌신적 사랑은 필리아로서 정신적 사랑을 담고 있어야 한다. '희생적 사랑' '헌신적 사랑'은 필리아라는 정신적 사랑에 기초하며, '정신적 사랑으로서 인격적 사랑'을 근거로 삼고 있다.

인격적 사랑은 나와 상대방 간의 동등성과 차이를 감지하면서 상대방이 나와 동등하게 인격체이고 자유로운 선택권과 권리를 지닌 존재임을 인정하는 것이다. 그런 면에서 아가페에서 '신의 사랑' '절대자의 사랑'은 '인간들끼리의 사랑'과 동등한 것으로 간주된다. 신의 사랑이 '인간들끼리의 사랑'과 동등한 것으로 받아들여진다면, '인간들끼리의 동등성'은 '신과 인간의 동등성'으로 이해될 수 있다.

이와 연관하여 헤겔은 청년기에 종교에 대해 탐구하면서 헌신적 사랑은 재고의 여지가 있다고 비판한다. 왜냐하면 초월적 절대자에게 헌신하는 인간의 태도는 '동등성'을 쉽게 망각할 수 있기 때문이다. 다시 말해, 초월적인 것을 상정하는 것은 인간의 한계를 넘어서는 외적 권위를 상정하고 외적 권위에 기초하는 규범들을 절대화함으로써, 인간의 자발성과 내면적 자유를 훼손하게 되기 때문이다.

이것은 결국에는 '권력 집중'을 낳는다. 권력 집중은 당연히 문제를 야기한다. 인간 모두가 동일한 어떤 목적을 위해 봉사하고 헌신해야 하는 상황이라면, 어느 누구도 그 목적과 그에 상응하는 존재를 거부할 수 없고, 그에 대항하여 자신의 권리를 주장하기는 쉽지 않다. 권력이 한 점으로 집중될수록 여타의 사람이 지닌 권리와 지배력은 점점 더 상실되므로, 각각의 개별자는 집중되는 신의 권력 앞에서 자신의 가치와 권리와 자립성을 잃게 되며 사랑의 관계항으로 정립될 수 있다는 자부심도 사라지게 된다. 권력이 집중되는 신은 우리와 교감하고 우리가 인정할 수 있는 자가 아니라 낯선 권력을 통해 우리를 떨게 하거나 감사와 은총을 구걸하게 만들기도 한다.[16] 여기에서 양자의 '동등성'은 자연스럽게 '망각'된다.

이러한 구조는 인간들 사이에서 얼마든지 나타난다. 헌신적 사랑은, 비록 그 태생은 종교적 헌신과 절대자에 대한 사랑이지만, 예수가 강조하는 '사랑'은 '이웃 간의 사랑'이고 '이웃을 위한 헌신과 봉사'이므로, 헌신적 사랑은 '인간들끼리의 사랑'으로서 친구애와 형제애로 실현되어야 한다. 헌신적 사랑은 남녀 간의 사랑이든, 부모 자식 간의 사랑이든 관계없이 미덕으로 간주되며 가장 가치가 있다고 평가되기 때문에, 불우한 사람을 위해 출세를 포기하고 사회 봉사자가 되거나, 동료들을 살리기 위해 적진으로부터 날아온 폭탄을 자기 몸으로 덮

치거나, 자식을 위해 헌신적 뒷바라지를 하거나, 남편을 위해 자신의 직업을 포기하거나 하는 사람은 아름다운 사랑을 한다고 칭송된다. 그러나 아무리 존경과 미덕의 대상이라고 해도, 타인을 위해 배려하고 헌신하는 일이 한쪽에서만 이루어지면, 즉 한쪽만이 지속적으로 희생하다보면, 양자의 '동등한 위상'이 '망각'될 위험이 있다.

이것은 결과적으로 권력 집중을 낳게 된다. 무언가를 위해 헌신하고 희생하는 사람에게는 자신의 꿈과 희망과 직업적 성공과 생명은 자연히 뒷전이 되고, 독자적이고 자립적인 존재로 인정받을 수 있는 여지는 좁아진다. 우리 주변에는 헌신적 사랑에 주어지는 가치 때문에 헌신적 사랑을 결단하거나 희생을 강요당하는 경우가 있는데, 실제로 그런 경우를 찾아보면 주로 여성에게서 나타나거나, 여성적 특징이라고 지칭된다. 타인을 위한 헌신과 희생과 배려, 즉 이타적 사랑은 어머니나 아내의 사랑으로 상징된다.

헌신적 사랑은 고귀함과 아름다움을 넘어서서 한쪽의 '일방적 희생'으로, 그것을 당연하게 여기는 '관습'으로, 그리고 만약 헌신하지 않을 경우에는 가족과 사회의 '비난'을 감수해야 하는 구조로 변질될 위험이 농후하다. 그러므로 '헌신적 사랑은 미덕'이라는 이데올로기는 여성의 능력과 동등성을 사장시키고 여성을 사회로부터 소외시키는 결과를 낳을 수 있다.

물론 헌신적 사랑은 여성뿐만 아니라 헌신적 사랑이 이루어지는 어떤 곳에서든 헌신하는 사람의 인격권, 선택권, 동등성을 망각시킬 위험이 있다. 처음에는 상대방의 헌신과 포기를 감사하게 생각해도, 시간이 지나면서 그런 상황에 익숙해지면 상대방의 권리를 자연스럽게 잊게 된다. 나아가 어느 시점에서 상대방이 나를 위해 헌신하지도 그의 권리를 포기하지도 않으면, 마치 그가 잘못하고 있는 것처럼 비난하기도 한다. 이런 망각을 극복하는 것이 사랑의 참된 의미로 되돌아가는 길이다.

사랑과 분열의 공존 : 인륜성과 상호 인정

'헌신적 사랑' '희생적 사랑'이라는 개념이 생겨나게 된 배경과 출처 그리고 그것의 본래적 의미를 고려하면, 헌신적 사랑은 우리에게 가장 아름다운 사랑으로 다가온다. 왜냐하면 '남녀 간의 성적-감각적 사랑'이든 '친구 간의 정신적-인격적 사랑'이든 관계없이, 사랑이 보유하는 중요한 측면들을 담아내면서 심지어 '타인에 대한 봉사와 선행'까지도 가능케 하는 고귀한 사랑으로 발전할 수 있는 것이 '헌신적-희생적 사랑'이기 때문이다.

그러나 우리 사회에서는 헌신적 사랑이 지닌 봉사와 희생정신이 인간 모두에게 골고루 발현되고 요구되기보다는, '특정인'에게만 반복적으로 요구되면서, '희생적 사랑이라는 이데올로기'가 강화되어왔다. 그리고 희생적 사랑을 하는 사람들이 그들의 권리를 자발적으로 포기했다는 점이 자연스럽게 망각되어왔다. 그러다보니 희생적 사랑은 '동등성과 차이'를 제대로 실현하기보다는 양자의 동등성을 지워버리는 악영향을 미치게 된다. 동등성을 지워버리는 것은 궁극적으로 양자가 지닌 차이 및 특수성을 지워버리는 것이기도 하다. 희생적 사랑의 이데올로기가 작동하는 곳에서는 차이와 동등성이, 특수성과 보편성이 모두 말소되게 된다.

달리 말하면 각 인간들이 지닌 차이 때문에 생겨나는 '분열의 가능성'과 '분열태들의 가치'를 잘 살려내야 '동등성'을 망각할 위험도 피할 수 있다. 한쪽이 다른 쪽에 함몰되고, 흡수되는 것은 양자의 차이를 지워버리고, 더 나아가 한쪽이 다른쪽을 지배하는 형태를 동반하게 된다. 그럴 경우 동등성은 자연히 사라지기 때문에, 동등성에 대한 '무시'와 '망각'은 상대방의 권리와 인격을 은폐하면서 상대방을 자신의 마음대로 좌지우지하는 지배 욕구와 지배 행위의 이면이다.

이런 측면 때문에, 사랑이 모든 대립을 배제한다고 한 헤겔 또한 차후에는 그 주장을 번복한다. 헤겔도 기본적으로 사랑은 '감정'이라는 데서 출발한다. 사랑은 오성도 이성도 아닌 '일종의 감정'이다. 감정은 앞에서 논한 차이를 지양하고자 욕구하는 데서 나타나는 통일 감정, 즉 대립하는 양자의 '통일감정'이다. 헤겔은 청년기에는 통일 감정을 기독교적 차원에서 접근해 들어가기 때문에 '신과 인간의 감정'에 초점을 맞

춘다. 그것은 '무한한 신'과 '유한한 인간'이 어떻게 서로의 간극을 극복하면서 하나가 될 수 있는지를 근거 짓는 계기가 된다. 헤겔은, 인간이 신과 하나라는 통일 감정이 어떻게 해서 가능한가에 대한 의문을 던지고, 그리고 그것은 '신적인 것이 인간 안에 내재하기' 때문이며, 그로 인해 신과 합일되어 있다는 '정서적 감정'이 가능하다고 결론내린다.

그러다보니 '이성과 사유'보다는, 그리고 종교적 차원에서 볼 때 '신학적 인식'보다는 감정, 믿음, 신앙에 무게 중심이 두어질 우려가 있다. 헤겔은 통일 감정이 '감정'과 '믿음'에만 치우칠 우려가 있음을 자각하면서, 사랑은 대립을 '배제'한 통일이 아니라 '대립 속에서의 통일'이고, '통일 속에서의 대립'이어야 한다는 점을 부각시킨다.

우리가 '통일'이라는 말을 적용하는 곳에서 '하나를 하나로 통일'하거나 '하나를 두 개로 통일'한다는 식으로 말하지 않는 것처럼, 통일에는 이미 '하나로 되는 두 개' 그리고 '두 개의 대립과 분열'이 들어 있다. 그러므로 통일은 '대립의 통일'이며 '대립 속에서의 통일'이다. 이런 맥락에서 보면 만약 누군가가 차이가 없는 세상을 꿈꾸거나, 차이는 나쁘기 때문에 '차이'를 무조건 지워버리려고 한다면, '대립'과 '분열'을 무시하고 없애버리려는 것과 마찬가지이다. 게다가 이런 태도는— 앞에서 말했듯이—양자의 '동등성'을 그리고 동등성에 대한 의식을 무시하는 것과 같은 의미를 지닌다. 대립을 무조건 폐기하려는 태도는 차이가 담지하는 자립성과 자유에 대한 자각

또한 희석시키는 것이기 때문에, 사랑은 반드시 대립이 살아 있는 통일이어야 한다.

대립이 살아 있는 통일로 밝혀지는 사랑은 궁극적으로 '나와 타자(타인)의 관계'[17]이다. 즉, 관계맺음이며 '나와 타자(타인)의 통일'이다. 이 통일이 차이와 동등성을 무시하거나 희석시키는 통일이 되지 않으려면 여기에서는 '나'뿐만 아니라 '타자(타인)' 그리고 '관계(통일)'라는 말 모두에 방점을 찍어야 한다. 사랑 속에 나의 독자성, 나의 권리, 나의 특수성에 대한 관심이 들어 있듯이, 나와 구별되는 타인 또한 그러한 것으로 정립되어야 한다. 그러나 양자의 독자성만 부각시킨다면 통일을 이룰 수가 없다. 서로의 독자성과 특수성이 지나치게 강조되면서 양자가 낱개로 분리되고 흩어져버리면, 나와 타인은 관계를 맺을 수 없다. 관계를 맺을 수 없다면(나와 타인이 '관계' 속에 들어 있지 않다면) 그것은 사랑이라는 통일체 속으로 들어올 수 없다.

관계를 맺지 않는 연인, 관계를 맺지 않는 구성원, 관계를 맺지 않는 공동체는 연인이 아니며, 구성원이 아니며, 공동체가 아니다. 그래서 그것들은 '통일'을 이룰 수 없으며, 성적이든 정신적이든 관계없이 결합 욕구와 통일 욕구로 나타나는 사랑 개념으로부터 일탈해버리게 된다. 이때 개인은 마치 자연 상태 속에 홀로 던져져 있는 개인, 마치 하나의 원자로만 존속하는 개인과 그다지 다르지 않다. 인간은 타인과 공동체를 이루는 사회적 동물이며, 나와 타인 간에는 공동체적 관계망 구조가 형성되어 있다. 그 속에서 인간은 사랑도 하고, 증오도 하고, 결합도 하고, 대립도 하고, 싸움도 하고, 분리되기도 하는 것이다. 공동체적 형태는 사랑하는 사람들 간의 '차이'와 '동등성'뿐만 아니라 그들 간의 통일인 '관계'를 통해 실현되므로, 사랑은 '인륜성'과 등치된다.

인륜성은 자기를 자각하는 자기 의식적 존재들이 '나와 타인'의 '독자성' 내지 '차이'와 동등성을 동시에 실현하는 '상호 인정 구조'이다. 인간은 타인과 구분되는 독자성을 지니면서도 타인과의 관계 속에서 자신의 내면을 확장한다. 이때 내면의 진리는 '보편성'이다. 보편성은, 이미 타인과 관계를 맺고 있는 인간이 통일체를 실현하기 위해 자신을 반추하는 원동력이다. 서로를 타인 속에서 반추하면서 실현되는 보편성은 상호 인정 구조를 지니는 인륜성이다.

공동체 안에서 개별적 인간들의 특수한 욕구는, 각자가 지닌 욕구의 특수성 때문에 서로 대립하고 분열하지만, 동시에 분열을 해소하고자 하는 통일 욕구를 서로서로 자극하고 공동체적 관계망이라는 보편적 구조를 창출한다. 개인들이 엮어내는 삶의 지평에서 각자가 지닌 욕구의 특수성은 보편성을, 즉 개인들 모두에게 관철되는 공동체적 관계구조와 법을 정립하는 힘이 된다.

인륜성은 공동체적 관계구조를 지니며, 이것을 달리 표현하면 주체적 인간이 타인 속에서 '보편성을 직관'하고, 그것을 통해 자신의 '자유와 자립성과 주체성을 논증하는 관계구조'

이다. 여기에는 타인을 마치 자신이라도 되는 듯이 바라보는 태도가 담겨 있고, 타인을 통해서 자기를 계발하고, 새로운 자기규정을 획득하는 관계가 펼쳐진다.

타인은 나와 다른 특수성을 지니므로, 타인 속에서 자기를 직관하는 것은 사실은 '타인의 특수성'을 직관함으로써 동시에 '자신의 특수성'을 반추하는 것이다. 타인 속에서 자기를 직관하는 것은 타인 속에서 특수성을 직관하면서 동시에 '보편성'을 직관하는 것이다. 이것을 정리해보면, 타인 속에서 양자의 보편성을 직관하는 것이고, 보편성을 직관하는 것은 차이와 동시에 동등성을 직관하는 것이다. 이는 양자의 동등한 주체성을 인정하는 것이며, 그럴 때 참다운 인정에 도달할 수 있다.

타인과의 통일은 타인 속에서 자신을 직관하는 것이고, 타인 속에서 하나가 된 자기의 존재성을 파악하는 것이며, 바로 타인과의 사랑이다. 사랑이 이런 의미를 지닐 때 나와 타인은 단순히 통일 '감정'에만 그치는 것이 아니라, 인간 삶의 다양한 측면에 보편적으로 적용되는 인정, 즉 상호 인정 구조를 실현할 수 있게 된다. 그렇다면 이것은 감정을 넘어서서 '이성적 존재'가 추구하고 실현하는 이성적이고 합리적인 차원에 해당된다. 사랑이 이렇듯 인간 삶에서 적용되는 상호 인정, 즉 인륜성의 차원으로 나아갈 때, 사랑은 '이성'과 유사한 측면을 보유하게 된다. 인륜성은 사랑을 감정의 차원을 넘어 이성의 차원으로 고양시키는 것이다.

헤겔에게 사랑은 인류성의 다른 이름인데, 청년 헤겔은 이런 상황을 신과 인간의 통일 감정에 적용하고 구체화한다. 인류성은 '신과 인간을 통일'하는 것이고, '무한한 신과 유한한 인간을 통일'하는 것이며, '무한성과 유한성을 통일'하는 것이다.

무한을 유한화하고, 유한을 무한화하는 과정을 통해서, 무한 속에서 유한을 직관하고, 유한 속에서 무한을 직관하는 것. 이것은 궁극적으로 '유한한 인간'에게서 '무한성'을 직관하는 데로 나아간다. 헤겔이 특수성 속에서 보편성을 직관하고 실현하는 것은 '유한한 인간' 속에서 '무한성'을 직관하고 실현하는 데에 의미가 있다.

이 관계는 인간들끼리 엮어내는 개념에 그대로 적용된다. 인간들의 사회적 관계 속에서 인간은 차이가 있는 타인에게서 '동등성'을 포착하고 인정해야 하며, 동등성에 대한 인정은 타인에게서 '보편성'을 직관하는 것이다. 이때 보편성에 대한 직관은 상대방에게서 '무한성'을 직관하는 것이다. 나는 타인에게서 무한성을 직관하고, 타인은 나에게서 무한성을 직관한다. 나와 타인이 서로를 인정하는 인류성은 '유한한 나'와 '유한한 타인'이 '무한성'을 실현하는 통일체를 정립하는 것이다.

그러므로 인류성 속에서 우리는 서로의 차이를 이해하고, 차이가 낳는 각각의 특수성과 개별성을 자유롭게 인정하며, 차이 속에서 동등성을, 특수성 속에서 보편성을 도출하는 근간을 마련하게 된다. 나아가 보편성을 도출하는 것은 서로가 지닌 유한성 속에서 무한성을 직관하는 것으로 전개된다. 동등성을, 보편성을, 무한성을 도출해낼 때, 구성원들은 하나의 전체로 통일되며, 전체적 통일 속에서 각각은 일종의 분절로 그치는 것이 아니라 구성원 각각 속에서 전체를 읽어내는 중심이 된다.

남녀 간의 사랑에서도 이런 가능성을 발견하고, 또 현실화시킬 수 있다. 남녀의 사랑 안에 담겨 있는 통일 감정과 그 속에서 이루어지는 구별은 타인 안에서 자기를 직관하도록 만드는 요인이다. 사랑을 통해 남성은 여성에게서, 여성은 남성에게서 자기를 직관해야 한다.

남성이 자신의 참다운 자유와 보편성을 확장시키려면 자신과 다른 특수성을 지니는 여성 속에서 자신을 직관할 수 있어야 한다. 즉, 여성의 자유와 개별성을 인정해야 한다. 그래야만 여성에 대한 직관 속에서 자기계발과 자기발전이 가능하다. 게다가 남성의 대립항인 '여성을 인정하는 것'은 여성 속에서 '남성 자신을 직관하는 것'이고, 궁극적으로 '남성 자신을 인정하는 것'이다. 그러므로 '여성에 대한 인정'은 '남성 자신에 대한 인정'이다.

남성에게 적용되는 논리를 여성에게도 동일하게 적용할 수 있다. 인류성은, 한쪽이 다른 쪽에 포섭되거나 흡수되어서는 안 되고, 상호 동등성에 기초하는 상호 인성 구조이기 때문에, 여성 또한 남성에게서 자신을 직관하고, 남성의 특수성에 대한 직관을 통해 보편성을 도출해낼 수 있어야 한다. '남성을 인정하는 것'은 '여성 자신을 인정하는 것'이 된다.

그러나 남성이 여성을 인정하는 것에 더 초점을 맞추는 이유는 인류 역사상 남성에 의한 지배와 폭력이 오랫동안 여성의 보편성을 부인하고, 여성적 특수성의 가치를 평가 절하했기 때문이다. 우리는 여성에 대한 인정이 제대로 이루어지지 않았던 과거 역사를 거울삼아 '상호 인정'의 지평인 인류성을 현실화시켜야 한다. 이러한 인정은, 양자가 분리되는 것이 아니라 서로가 서로와 더불어 하나의 통일체를 이루는 가운데서 실현되는 것이다.

이렇듯 대립과 분열을 해소하면서 이루어지는 참된 통일, 참된 화해는 '사랑'이다. 대립과 분열을 감지하고 해소하는 사랑은 생명체 안에서 발견된다. 사랑하는 생명체들은 힘에 있어서 서로 동등하며, 어느 쪽에 의해서도 죽어 있지 않은 생동적인 것이다.

사랑은 생명체의 감정이며 생명체의 활동이다. 사랑은 감성과 이성 모두와 연관되어 있는 활동이며, 유한한 인간을 무한으로 고양시키는 원동력이며, 인간을 고귀하게 만들고 인간의 고귀성을 드러내는 통일 작용이다. 인간이 사랑의 힘으로 모든 고통과 역경을 극복할 수 있다고 생각하는 것은 바로 사랑이 담고 있는 생명성과 고귀성 때문이다. 사랑 속에서 인간은 결핍을 극복하고 무한성과 만나는 고귀한 존재가 된다.

주

1) 사랑에 관한 이 책의 착상은 졸고, 「사랑과 분열의 이중주」(『철학과 현실』, 통권 51호, 2001 겨울), pp.139-152 참조.

2) 플라톤의 에로스에 관한 다양한 이해를 위해 이상인의 글, 「에로스와 욕구-플라톤이 묻는 한국인의 사랑」(『전통과 현대』, 2000 가을), pp.58-74 참조.

3) Platon, *Symposion*, 178c.

4) Platon, *Symposion*, 204b.

5) Platon, *Symposion*, 189a-e 참조.

6) 쇼펜하우어, 『성애론』(조규열 편역, 문예출판사, 1999), p.46 참조.

7) Platon, *Symposion*, 209a-212 참조.

8) 조르주 뒤비 외, 『여성의 역사』 3권(상)(조형준 옮김, 새물결, 1999), pp.136-137.

9) Aristoteles, J. L. Ackrill(ed.), *A New Aristotle Reader*(Oxford : Clarendon Press, 1987), 168f 참조.

10) 요한네스 로쯔, 『사랑의 세 단계』(심상태 옮김, 서광사, 1984), p.51.

11) 플라톤의 국가관과 여성관에 관해서는 『국가』(조우현 옮김, 삼성세계사상, 1997), 특히 제4-5권 참조.

12) 제임스 레이첼즈 편, 「성도덕문제」(황경식 외 옮김, 『사회윤리의 제문제』, 서광사, 1983), 제1부, pp.33-58 참조.

13) G. W. F. Hegel, "Entwuerfe ueber Religion und Liebe"(1797/1798), *Fruehe Schriften, Werke in zwanzig Baenden*, Bd. 1(Frankfurt a. M. : Suhrkamp Verlag, 1986), S. 245 이하 Hegel(1797/1798)로 약칭한다.

14) 요한네스 로쯔, 앞의 책, p.24 참조.

15) G. W. F. Hegel, 「예수의 생애」(정대성 옮김, 『헤겔의 종교론집』, 한들출판사, 2001), p.89 참조.

16) Hegel(1797/1798), S. 245 참조.

17) G. W. F. Hegel, "Der Geist des Christentum und sein Schicksal" (1798/1800), *Fruehe Schriften, Werke in zwanzig Baenden*, Bd. 1(Frankfurt a. M. : Suhrkamp Verlag, 1986), S. 327.

사랑의 철학

| 펴낸날 | 초판 1쇄 2004년 3월 30일 |
| | 초판 7쇄 2014년 3월 28일 |

지은이	이정은
펴낸이	심만수
펴낸곳	(주)살림출판사
출판등록	1989년 11월 1일 제9-210호

주소	경기도 파주시 광인사길 30
전화	031-955-1350 팩스 031-624-1356
기획 · 편집	031-955-4662
홈페이지	http://www.sallimbooks.com
이메일	book@sallimbooks.com

| ISBN | 978-89-522-0208-6   04080 |

026 미셸 푸코 eBook

양운덕(고려대 철학연구소 연구교수)

더 이상 우리에게 낯설지 않지만, 그렇다고 손쉽게 다가가기엔 부
담스러운 푸코라는 철학자를 '권력'이라는 열쇠를 가지고 우리에
게 열어 보여 주는 책. 권력은 어떻게 작용하는가에서 논의를 시작
하여 관계망 속에서의 권력과 창조적·생산적·긍정적인 힘으로
서의 권력을 이야기해 준다.

027 포스트모더니즘에 대한 성찰 eBook

신승환(가톨릭대 철학과 교수)

포스트모더니즘의 역사와 논의를 차분히 성찰하고, 더 나아가 서
구의 근대를 수용하고 변용시킨 우리의 탈근대가 어떠한 맥락에
서 이해되는지를 밝힌 책. 저자는 오늘날 포스트모더니즘으로 대
변되는 탈근대적 문화와 철학운동은 보편주의와 중심주의, 전체
주의와 이성 중심주의에 대한 거부이며, 지금은 이 유행성의 뿌리
를 성찰해 볼 때라고 주장한다.

202 프로이트와 종교 eBook

권수영(연세대 기독상담센터 소장)

프로이트는 20세기를 대표할 만한 사상가이지만, 여전히 적지 않
은 논란과 의심의 눈초리를 받고 있다. 게다가 신에 대한 믿음을
빼앗아버렸다며 종교인들은 프로이트를 용서하지 않을 기세이다.
기독교 신학자인 저자는 이 책을 통해 종교인들에게 프로이트가
여전히 유효하며, 그를 통하여 신앙이 더 건강해질 수 있다는 점을
보여 주려 한다.

427 시대의 지성 노암 촘스키 eBook

임기대(배재대 연구교수)

저자는 노암 촘스키를 평가함에 있어 언어학자와 진보 지식인 중
어느 한 쪽의 면모만을 따로 떼어 이야기하는 것은 불합리하다고
말한다. 이 책에서는 촘스키의 가장 핵심적인 언어이론과 그의 정
치비평 중 주목할 만한 대목들이 함께 논의된다. 저자는 촘스키 이
론과 사상의 본질에 다가가기 위한 이러한 시도가 나아가 서구 사
상을 받아들이는 우리의 자세와도 연결된다고 믿고 있다.

024 이 땅에서 우리말로 철학하기

이기상(한국외대 철학과 교수)

우리말을 가지고 우리의 사유를 펼치고 있는 이기상 교수의 새로운 사유 제안서. 일상과 학문, 실천과 이론이 분리되어 있는 '궁핍의 시대'에 사는 우리에게 생활세계를 서양학문의 식민지화로부터 해방시키고, 서양이론의 중독으로부터 벗어나야 한다고 역설한다. 저자는 인간 중심에서 생명 중심으로의 변환과 관계론적인 세계관을 담고 있는 '사이 존재'를 제안한다.

025 중세는 정말 암흑기였나　eBook

이경재(백석대 기독교철학과 교수)

중세에 대한 친절한 입문서. 신과 인간에 대한 중세인의 의식을 다루고 있는 이 책은 어떻게 중세가 암흑시대라는 일반적인 인식을 가지게 되었는지에 대한 물음을 추적한다. 중세는 비합리적인 세계인가, 중세인의 신앙과 이성은 어떠한 관계를 갖고 있는가 등에 대한 논의를 하고 있다.

065 중국적 사유의 원형　eBook

박정근(한국외대 철학과 교수)

중국 사상의 두 뿌리인 『주역』과 『중용』을 철학적 관점에서 접근한다. '산다는 것은 무엇인가?'라는 근원적 질문으로부터 자생한 큰 흐름이 유가와 도가인데, 이 두 사유의 흐름을 거슬러 올라가다 보면 그 둘이 하나로 합쳐지는 원류를 만나게 된다. 저자는 『주역』과 『중용』에 담겨 있는 지혜야말로 중국인의 사유세계를 지배하는 원류라고 말한다.

076 피에르 부르디외와 한국사회　eBook

홍성민(동아대 정치외교학과 교수)

부르디외의 삶과 저작들을 통해 그의 사상을 쉽게 소개해 주고 이를 통해 한국사회의 변화를 호소하는 책. 저자는 부르디외가 인간의 행동이 엄격한 합리성과 계산을 근거로 행해지기보다는 일정한 기억과 습관, 그리고 사회적 전통에 영향을 받는다는 사실로부터 시작한다는 점을 강조한다.

096 철학으로 보는 문화 `eBook`

신응철(숭실대 인문과학연구소 연구교수)

문화와 문화철학 연구에 관심 있는 사람을 위한 길라잡이로 구상된 책. 비교적 최근에 분과학문으로 등장하기 시작한 문화철학의 논의에 반드시 들어가야 할 요소를 선택하여 제시하고, 그 핵심 내용을 제공한다. 칸트, 카시러, 반 퍼슨, 에드워드 홀, 에드워드 사이드, 새무얼 헌팅턴, 수전 손택 등의 철학자들의 문화론이 소개된다.

097 장 폴 사르트르 `eBook`

변광배(프랑스인문학연구모임 '시지프' 대표)

'타자'는 현대 사상에 있어 가장 중요한 개념 중 하나이다. 근대가 '자아'에 주목했다면 현대, 즉 탈근대는 '자아'의 소멸 혹은 자아의 허구성을 발견함으로써 오히려 '타자'에 관심을 갖게 되었다. 그리고 타자이론의 중심에는 사르트르가 있다. 사르트르의 시선과 타자론을 중점적으로 소개한 책.

135 주역과 운명 `eBook`

심의용(숭실대 강사)

주역에 대한 해설을 통해 사람들의 우환과 근심, 삶과 운명에 대한 우리의 자세를 말해 주는 책. 저자는 난해한 철학적 분석이나 독해의 문제로 우리를 데리고 가는 것이 아니라 공자, 백이, 안연, 자로, 한신 등 중국의 여러 사상가들의 사례를 통해 우리네 삶을 반추하는 방식을 취한다.

450 희망이 된 인문학 `eBook`

김호연(한양대 기초·융합교육원 교수)

삶 속에서 배우는 앎이야말로 인간의 운명을 바꿀 수 있는 기회를 준다. 그래서 삶이 곧 앎이고, 앎이 곧 삶이 되는 공부를 하는 것이 무엇보다 중요하다. 저자는 인문학이야말로 앎과 삶이 결합된 공부를 도울 수 있고, 모든 이들이 이 공부를 할 수 있어야 한다고 믿는다. 특히 '관계와 소통'에 초점을 맞춘 인문학의 실용적 가치, '인문학교'를 통한 실제 실천사례가 눈길을 끈다.

eBook 표시가 되어있는 도서는 전자책으로 구매가 가능합니다.

(주)살림출판사

www.sallimbooks.com
주소 경기도 파주시 문발동 522-1 | 전화 031-955-1350 | 팩스 031-955-1355